Karsten Hüttmann

SOULFOOD
wovon der Glaube lebt

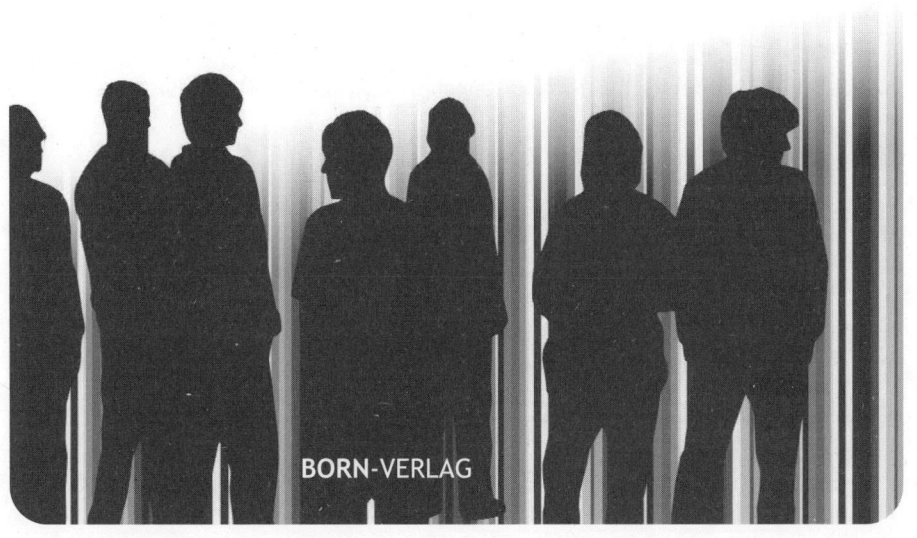

BORN-VERLAG

Der Autor

Karsten Hüttmann ist Referent für Jugendevangelisation im Deutschen EC-Verband und leitet u.a. den evangelistischen Arbeitsbereich ich glaub's. Er ist außerdem in Projekten wie JesusHouse, Christival, der Arbeitsgemeinschaft Jugendevangelisation und der Initiative Hoffnung 2011 verantwortlich aktiv.

Zusammen mit Rike, Antonella und Hund Konrad lebt Karsten Hüttmann in Kassel.

Impressum

© 2010 **BORN**-VERLAG, Kassel
Printed in Germany – All rights reserved

Umschlaggestaltung: superheld.de, Rotenburg a. d. Fulda
Fotos Umschlag: bubaone - istockphoto; Kirsty Pargeter, aleksander1 - fotolia
Fotos Inhalt: TheGame, pokki, shockfactor - fotolia
Satz: **BORN**-VERLAG / Claudia Siebert, Kassel
Druck und Gesamtherstellung: AALEXX Buchproduktion GmbH, Großburgwedel

Gedruckt auf FSC-zertifiziertes Papier.

ISBN 978-3-87092-499-7
Bestellnr. 182499

Rechtshinweis: Die Bibelstellen auf den Bibelverskarten sind der Übersetzung Hoffnung für alle® entnommen, Copyright© 1983, 1996, 2002 by International Bible Society®. Verwendet mit freundlicher Genehmigung des Verlags.

Unser Verlagsprogramm mit Medien für Mitarbeiter im Internet:
www.bornverlag.de – mit vielen Leseproben!

Für Antonella.
Und Rike.

Inhaltsverzeichnis

Hinweise

Das Buch geht weiter auf Facebook: Soulfood – das Buch
(siehe auch Hinweise auf Seite 71/72)

Rechtlicher Hinweis zu den Bibelverskarten

Du kannst dir die Bibelverskarten aus dem Buch kopieren (am besten vergrößern) oder im Internet unter **download.bornverlag.de** als farbige Vorlage kostenfrei downloaden. Der Kauf dieses Buches berechtigt zur Kopie, zum Download und zur Verwendung im Rahmen dieses Buches. Eine Verwendung, Vervielfältigung oder Weitergabe in jeglicher Form darüber hinaus ist nicht gestattet.

Intro

Dieses Buch ist nicht für dich allein bestimmt. Zumindest nicht dafür, dass du es allein liest. So wie wir Menschen nicht dazu bestimmt sind, allein zu leben, so ist auch Soulfood nicht dazu bestimmt, es allein zu lesen. Am besten liest du es gemeinsam mit einigen Freunden und ihr kommt miteinander darüber ins Gespräch.

Ich stelle mir das ungefähr so vor:
Du suchst dir zwei bis vier Freunde und ihr entscheidet euch, Soulfood gemeinsam zu lesen. Dann besorgt sich jeder ein Exemplar und ihr macht aus, wie oft ihr euch treffen wollt. Mein Vorschlag ist, dass ihr euch alle drei bis vier Wochen für ein oder zwei Stunden trefft, um über jeweils ein oder zwei Kapitel nachzudenken. Entweder bei einem von euch zuhause, bei eurem Lieblingsdöner, in einer Eisdiele, bei McDonalds, im Gemeindehaus oder an einem anderen Ort, an dem ihr euch alle wohlfühlt. Vor jedem Treffen solltet ihr das Kapitel, über das ihr sprechen wollt, bereits gelesen haben.
Ungefähr so mache ich das seit einigen Jahren selbst. Ich habe mit ein paar Freunden inzwischen mehrere Bücher im „Kollektiv" gelesen und wir verarbeiten - oder verdauen - dadurch das Gelesene viel besser.

Damit euch der Austausch möglichst gut gelingen kann, stehen **am Ende von jedem Kapitel einige Fragen.** Dort gibt es **Raum für deine eigenen Notizen.** Du solltest dir **Aussagen markieren, die dir beim Lesen besonders auffallen** und dir wichtig sind, dann findest du sie beim Austausch leichter wieder.

Zusätzlich gibt es **zu jedem Kapitel mehrere Bibelverse**, die es sich auswendig zu lernen lohnt. Im Englischen wird „auswendig lernen" oft mit „learning by heart" übersetzt. Das finde ich einen sehr coolen Gedanken, dass wir Dinge, die wir auswendig lernen, nicht nur mit unseren Köpfen, sondern gleichzeitig auch mit unseren Herzen lernen. Im Internet unter **download.bornverlag.de** findest du diese Verse farbig zum Downloaden und Selbst-Ausdrucken. (Bitte beachte die Hinweise auf der linken Seite!) Du kannst sie dir aber auch ganz einfach auf eine Karteikarte schreiben.
Egal wie: Bereite sie dir vor und lerne sie, indem du sie liest, vielleicht mit Erlebnissen aus deinem Alltag verbindest oder mit Bildern ... Bei den Treffen könnt ihr euch die Bibelverse dann zum Beispiel gegenseitig aufsagen.

Jesus hatte seinen Jüngern einmal Folgendes versprochen: „Wo zwei oder drei in meinem Namen zusammen sind, da bin ich mitten unter ihnen!" Ich wünsche dir die Erfahrung, dass ihr das beim gemeinsamen Lesen und Austauschen erlebt und euer Glaube dadurch gestärkt – oder besser gesagt: genährt – wird.

Be blessed!

New Orleans –
oder warum das Ganze eigentlich?

„WAY DOWN YONDER IN NEW ORLEANS, IN THE LAND OF DREAMY SCENES, THERE'S A GARDEN OF EDEN, YOU KNOW WHAT I MEAN."
LOUIS ARMSTRONG

„Was kann ich euch bringen, Jungs?" – diese Frage war Auslöser für einen der merkwürdigsten Momente in meinem Leben. Aaron und ich saßen in einem Restaurant in New Orleans, dem Coop's Place. Ich hatte mir etwas Geld zusammengespart, um mir einen Traum zu verwirklichen: mit meinem Kumpel einen Trip durch die USA zu unternehmen. Inzwischen waren wir gut drei Wochen unterwegs, hatten viel vom Land gesehen und nur noch einige Tage, bis ich wieder zurück nach Deutschland fliegen würde.

Aaron und ich kannten uns bereits einige Jahre und hatten schon einiges miteinander erlebt. Doch diese Tour durch die USA war für mich etwas wirklich Besonderes. Wir hatten uns in Seattle am Flughafen getroffen. Er war aus Kanada eingeflogen, wo er Verwandte besucht hatte, und ich aus Deutschland. Es folgten gemeinsame Trips zu so ziemlich sämtlichen größeren Städten oder Attraktionen in den Staaten:

Rocky Mountains, Chicago, New York, Los Angeles, Niagarafälle, San Francisco, Salt Lake City, Disney World, Miami, Seattle und noch einige mehr.

New Orleans mit dem Mississippi und dem berühmten French Quarter war eines unserer letzten Ziele. Nachdem wir schon etliche Stunden durch die Stadt gelatscht waren, brauchten wir dringend etwas zu essen. Und so gingen wir ins Coop's Place, einem Restaurant an einer Straßenecke mitten im French Quarter. Wir quatschten gerade darüber, was wir machen wollten, wenn wir zurück in Deutschland wären, als der Kellner zu uns an den Tisch kam und fragte, was wir essen wollten.

Burger, wie immer. So lautete unsere Bestellung. Mit Käse. Dazu Cola und Pommes. Statt mitzuschreiben, schaute uns der Kellner mir größer werdenden Augen an. Und dann fragte er uns: „Habt ihr Jungs eigentlich eine Ahnung, wo ihr euch befindet!?" Aaron und ich schauten uns etwas verlegen an. Wir wussten nicht so recht, was der Typ von uns wollte und was wir falsch gemacht hatten. „Amerika? New Orleans?", stammelte Aaron etwas verlegen. Als der Kellner unsere Unsicherheit bemerkte, fing er an, uns zu erzählen. Vom Süden, dem sogenannten Dixieland, und vor allem von dem traditionellen Essen der Südstaaten, dem Soulfood.

Soulfood, auf deutsch etwa Seelennahrung, ist die Bezeichnung für das traditionelle Essen der Afroamerikaner in den USA. Afrikaner wurden als Sklaven nach Amerika gebracht, wo sie z. B. auf Baumwollplantagen im Süden der USA für ihre Herren arbeiten mussten. Die Sklaven waren entsprechend arm und so entstand das Soulfood aus dem wenigen, das Sklaven zum Essen hatten: Mais, Süßkartoffeln, Kürbis, Bohnen, Kohl und Fleischereiabfällen wie Schweinefüße und -ohren, Speck, Hühnerflügel und Innereien. Sachen, die sonst keiner haben wollte. Manchmal gab es auch selbst Gejagtes – vor allem Opossum, eine nachtaktive Beutelratte, denn die Sklaven konnten nur spätabends und in der Nacht jagen gehen, wenn ihre Arbeit erledigt war. Das Ganze wurde dann mit möglichst viel Öl und Fett zubereitet, um den Sklaven Kraft und Energie für die körperlich harte und anstrengende Arbeit auf den Baumwollfeldern zu geben.

Neben diesen Zutaten war für das Soulfood noch ein weiteres Element für die Sklaven von besonderer Bedeutung beim Essen: die Gemeinschaft. Nach einem langen Tag auf den Feldern ihrer Besitzer war das Abendessen für Familien und Freunde nicht nur ein Ort, sich um einen Tisch herum zu versammeln und zu essen. Das Essen bedeutete für sie vor allem auch Gemeinschaft. Hier konnten sie Zeit miteinander verbringen, sich austauschen, gegenseitig Geschichten der Vorfahren und aus der Bibel erzählen und miteinander singen und beten. Diese Kombination aus Essen, Gemeinschaft und Glaube gab ihnen die Kraft auszuhalten. Somit ist Soulfood nicht nur die Bezeichnung für bestimmte Rezepte oder Zutaten, sondern eigentlich auch für geteiltes Leben und geteilten Glauben.

Soulfood sollten Aaron und ich also bestellen. Ribs, wings, sweet potatoes, grits, gravy, beans ..., weil es nicht nur dem Körper, sondern auch der Seele und dem Glauben guttut. Und dann schaute er uns ganz intensiv an und sagte: „Ihr Jungs glaubt doch an Jesus, oder?!" Damit verließ er uns zunächst und verschwand, um unser Soulfood in der Küche zu bestellen und uns den obligatorischen „iced tea" zu holen.

Aaron und ich schauten uns an. Keiner wusste, was er auf diese Frage sagen sollte. Dabei spielte doch der Glaube an Jesus eine besondere Rolle im Leben von uns beiden.

Als ich Aaron kennenlernte, hatte er gerade seinen Abschluss an einer christlichen Privatschule gemacht. Auf seinem Nachttisch lag eine Bibel, in der er fast jeden Tag las. Das war für mich etwas völlig Fremdes. Ich hatte in meinem Leben noch nie etwas mit Glaube und Religion am Hut gehabt. Aber Aaron nahm das Ganze sehr ernst. Vielleicht zwei Jahre später kam ich dann zum Glauben. Und das Verrückte war: Während die Bibel in meinem Leben und auf meinem Nachttisch auftauchte, verschwand sie zur gleichen Zeit zuerst von Aarons Nachttisch und dann aus seinem Leben. Ich war zum Glauben gekommen und er hatte seinen Glauben verloren. In mir fing Jesus an zu leben[1] – und in Aaron schien er zu sterben.

Obwohl wir gute Freunde waren, hatten wir darüber nie wirklich gesprochen: über unseren Glauben und die unterschiedliche Entwicklung. Nur Witze gemacht. Ich drohte ihm mit der Hölle der Gottesferne nach seinem Tod und er mir mit der Hölle der Langeweile vor meinem Tod. Jetzt saßen wir hier in New Orleans, schauten uns an und keiner wusste, was er sagen sollte. Diese Stille dauerte, zumindest gefühlt, ganz schön lange. Selbst als das Essen und die Getränke kamen, waren wir noch stumm wie zwei Goldfische im Glas. Ganz offensichtlich war es uns unangenehm, über Jesus und unsere Beziehung zu ihm zu sprechen. Dann fasste ich mir ein Herz, schaute Aaron an und fragte ihn: „Aaron, sollen wir versuchen, Karten für das Footballspiel der Saints heute Abend zu bekommen?"

Das habe ich wirklich gesagt. Keine Ahnung warum. Aber ich hatte es nicht geschafft, das Thema auf den Tisch zu bringen bzw. es aufzugreifen, denn es lag ja sozusagen bereits auf dem Tisch. Eigentlich wäre das ein guter Moment gewesen, mit Aaron mal ernsthaft darüber zu reden, was er eigentlich noch glaubte oder warum er nicht mehr glaubte, und um ihm zu erklären, warum ich glaubte, was sich bei mir verändert hatte und was Jesus mir inzwischen bedeutete. Aber ich hatte es versaut. Die Chance nicht genutzt. Warum auch immer. Vermutlich hatte ich Angst davor, dass er mich auslachen würde oder wir uns so richtig zoffen würden und ich meinen Standpunkt, meine Sicht der Dinge, nicht vernünftig erklären könnte. Auf jeden Fall hatte ich die Klappe gehalten. Leider.

Nur wenige Tage später flog Aaron wieder zu seiner Verwandtschaft nach Kanada und ich zurück nach Deutschland. Während des Rückflugs machte ich mir viele Gedanken über diesen Moment in New Orleans. Und in mir bohrte die Frage, warum ich an Jesus glaubte und Aaron nicht mehr. Was war bei mir anders als bei ihm? Würde es mir bald ähnlich gehen und mein Glaube langsam wieder verschwinden, absterben?

Nephesch –
oder wenn die Seele knurrt

**„DIE SEELE IST DIE MASSE,
IN WELCHE GOTTES BILDNIS VORNEHMLICH EINGEDRÜCKT IST."
ULRICH ZWINGLI**

**„SO ETWAS WIE EINE SEELE GIBT ES NICHT. DAS HABEN DIE SICH
NUR AUSGEDACHT, UM KINDERN ANGST EINZUJAGEN,
GENAUSO WIE DEN BUTZEMANN ODER MICHAEL JACKSON!"
BART SIMPSON**

Ganz am Anfang wird in der Bibel davon berichtet, dass Gott den Menschen ge-schaffen hatte. Auf sehr poetische Art wird erzählt, wie Gott den Menschen (hebrä-isch: *adam*) aus Erde (hebräisch: *adama*) formte. Und dann steht da an einer Stelle, dass Gott dem Menschen den „Atem des Lebens einhauchte"[2] und der Mensch da-durch ein lebendiges, beseeltes Wesen wurde. Ein Lebewesen mit einer Seele. Oder ein Wesen mit einer lebendigen Seele.

Das hebräische[3] Wort für Seele, das an dieser Stelle steht, heißt *nephesch*. Ne-phesch ist ein sehr sonderbarer Begriff, denn er bedeutet nicht nur Seele, sondern auch Kehle, Hals oder Begehren. Viele Theologen sagen, dass diese Bandbreite an Bedeutungen bereits darauf hinweist, dass die Seele bedürftig ist. So wie alles an-dere Leben auch. Genau wie unser Körper kann die Seele Hunger oder Durst emp-finden. Und genau wie unser Körper kann auch eine Seele verhungern, verdursten, absterben.

Ich stand bei uns in der Küche und machte mir gerade aus frischem Obst einen Shake. Äpfel, Bananen, Ananas, Orangensaft. Alles rein in den Mixer und dann braucht man nur noch anschalten und schon hat man innerhalb weniger Sekunden einen superleckeren und dazu auch noch gesunden Shake.

Während ich also das Obst in den Mixer steckte, passierte etwas, das mir sonst nicht so oft passiert: Ich hatte eine Erkenntnis. Das heißt, mir wurde etwas klar: dass all diese verschiedenen Obstsorten, die ich gerade in den Mixer steckte, eine Gemeinsamkeit hatten: sie waren einmal lebendig! Sie lebten einmal an einem Baum, einem Strauch oder einer Staude, nahmen Nahrung auf, verwandelten die Nahrung in Energie und wuchsen vor sich hin. In meiner Fantasie war ich fast schon geneigt zu sagen, sie waren glücklich.

Aber um in meinem Mixer zu landen, musste das Obst sterben. Denn als das Obst bei der Ernte vom Baum abgeschnitten oder abgepflückt wurde, wurde es ja von seiner Lebensquelle abgetrennt. Und das bedeutet allgemeinhin den Tod. Und hier war jetzt meine eigentliche Erkenntnis: *Immer dann, wenn man etwas Lebendiges von seiner Quelle des Lebens entfernt, von dem, was es mit Nahrung, Wasser und anderen wichtigen Dingen versorgt, stirbt es ab.*

Eigentlich eine banale Entdeckung, die andere vermutlich bereits im Kindergarten machen, aber für mich war das vorher noch nie so klar gewesen: Lebensmittel sind dazu da, uns Leben zu vermitteln. Aber damit sie das tun können, müssen sie sterben. Das gilt für das Obst in einem Shake, aber auch für das Fleisch auf einem Burger oder das Getreide, aus dem dann Brot gemacht wird. Kaugummis dagegen müssen nicht sterben. Vielleicht gelten sie deshalb auch nicht wirklich als Lebensmittel.

Das Ganze ist also eine Art Grundgesetz der Natur, so funktioniert das Leben:
1. *Wenn etwas Lebendiges von seiner Quelle des Lebens abgetrennt wird, stirbt es.*
2. *Damit wir leben können, muss etwas anderes Lebendiges sterben.*

In der Biologie spricht man an der Stelle manchmal vom Kreislauf des Lebens: der Vogel frisst den Wurm, die Katze frisst den Vogel und die Katze wird nach ihrem Tod im China-Restaurant als Katze süß-sauer serviert. Zumindest in manchen Teilen Asiens. Ich habe mal in Korea mit eigenen Augen geschlachtete Katzen beim Metzger gesehen. Bei uns in Deutschland oder in Europa tun wir so was nicht mehr. Höchstens in manchen Gebieten der Schweiz kann man noch Katzenfleisch bekommen. Bei uns werden die toten Schmusekatzen im Garten vergraben, wo sie dann den Enkelkindern des Regenwurms als Nahrungsquelle dienten und sich der Kreislauf damit wieder schließt.

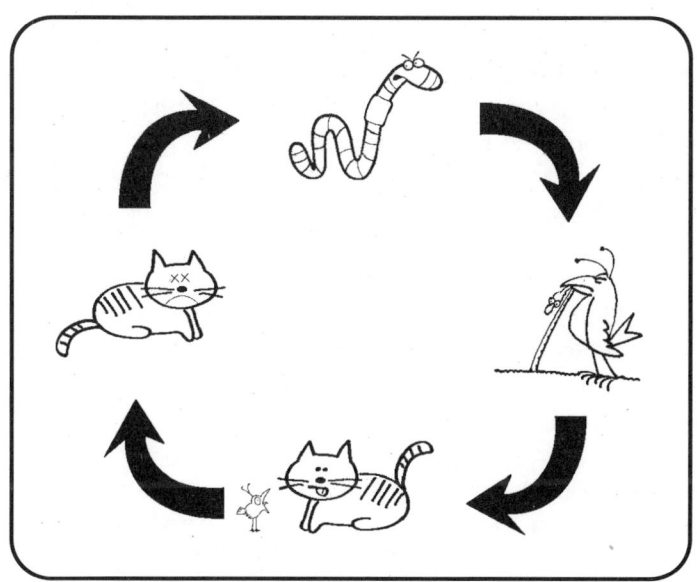

Wenn etwas Lebendiges von seiner Quelle des Lebens abgetrennt wird, stirbt es.

Hier ist eine interessante Verbindung zwischen *nephesch* (der Seele) und dem Kreislauf des Lebens zu entdecken: Wenn man in der Schöpfungsgeschichte weiterliest, wird davon erzählt, dass Gott und Mensch in einer engen Gemeinschaft leben, wie in einer Art Familie. Der Mensch war bei Gott zu Hause und diesen Ort oder diesen Zustand nennt die Bibel *Eden*. Und da ist dann in der Bibel zum ersten Mal vom Sterben die Rede. Gott sagt zum Menschen: „Von allen Bäumen hier darfst du essen, aber von dem Baum der Erkenntnis des Guten und Bösen sollst du nicht essen. Sobald du aber davon isst, musst du sterben!"[4]

Wenn du dich auch nur etwas in der Bibel auskennst, dann weißt du, dass Adam und Eva letztlich doch getan haben, wovor Gott sie ausdrücklich gewarnt hatte. Sie aßen beide von dem besagten Baum und fielen dann tot um. Genau wie Gott es gesagt hatte. Und das war das Ende der Menschheitsgeschichte …

So sollte man meinen. Aber Pustekuchen, denn tatsächlich lebten die beiden weiter. Es gab zwar reichlich Ärger und Probleme und es kam zur Trennung zwischen ihnen und Gott, sodass sie aus der Gemeinschaft mit ihm ausziehen mussten, aber sonst ging es ihnen ganz gut.

Da stellt sich einem doch die Frage, ob Gott hier gelogen oder zumindest etwas „dick" aufgetragen hatte. So wie meine Eltern früher manchmal. Die haben mir immer wieder damit gedroht, dass der „Butzemann" kommt und mich holt, wenn ich nicht artig bin. Meine Eltern mussten zwar oft mit mir schimpfen und einigen Schaden bezahlen, den ich angerichtet hatte, aber der Butzemann ist doch nie gekommen. *Also: War das von Gott auch nur so ein Einschüchterungsversuch?*

Szenenwechsel: Es ist ein paar Tausend Jahre später und wir befinden uns in einem kleinen Winkel des Römischen Reichs, in Galiläa. Da zieht einer durch die Gegend und erzählt den Menschen so eindrucksvoll von Gott, wie wohl niemand zuvor. Und er tut Dinge, die die Menschen nur als Wunder bezeichnen können. Sein Name ist Jesus. Jesus von Nazaret.

Manche Leute reden inzwischen davon, dass dieser Jesus kein gewöhnlicher Mensch ist. Er muss in direktem Kontakt zu Gott stehen. Andere sagen sogar, er ist der „Sohn" Gottes, in ihm ist Gott selbst Mensch geworden.

Dann passierte Folgendes: Lazarus, ein Freund von Jesus, stirbt. Jesus erscheint zur Trauerfeier für seinen Freund und es entwickelt sich ein interessantes Gespräch zwischen ihm und einer der Schwestern von Lazarus:
Sie: *„Jesus, wärest du hier gewesen, dann wäre mein Bruder nicht gestorben. Du hättest ihn heilen können."*
Jesus: *„Dein Bruder wird leben!"*
Sie: *„Ja, ich weiß. Am Ende der Zeit, am Tag der Auferstehung, wenn wir alle zu Gott kommen werden."*
Jesus: *„Ich bin die Auferstehung und das Leben. Wer an mich glaubt, der wird niemals sterben!"*[5]
Die ganze Geschichte geht dann noch weiter und schließlich ... Ach, lies lieber selbst im Johannesevangelium, Kapitel 11 nach.

Wer an Jesus glaubt, stirbt nicht! Das ist eine steile Aussage. Und auf den ersten Blick betrachtet kann ich nicht gerade behaupten, dass sie stimmt. Denn eigentlich sollte es dann ja lauter „Highlander"-Christen um uns geben. Leute, die so fest an Jesus glauben, dass sie einfach nicht totzukriegen sind. Aber dem ist nicht so. Selbst ich kenne eine Reihe von Menschen persönlich, die wirklich an Jesus geglaubt haben, aber inzwischen trotzdem gestorben sind. Hat Jesus hier etwa gelogen oder zu „dick" aufgetragen? Oder wie ist das gemeint: Menschen, die tun, was Gott verboten hat, leben weiter und Menschen, die an Jesus glauben, sterben trotzdem!?

Nun ist es ja so, dass die Bibel ursprünglich nicht auf Deutsch geschrieben wurde. Das Alte Testament, also der erste und ältere Teil der Bibel, wurde im Wesentlichen auf Hebräisch geschrieben, das Neue Testament auf Griechisch. Und diese Sprachen kennen mehrere Wörter für unser deutsches Wort „leben". Nehmen wir an der Stelle nur mal die griechischen[6]:

- Da ist zunächst das Wort *bios*. Kennt man von Biologie – die Lehre vom Leben. Mit *bios* ist unser biologisches Leben gemeint: Herzschlag, Verdauung, Stoffwechsel – also alles eher Dinge, die den Körper betreffen. In Markus 12,44 ist von einer Frau die Rede, die alles gespendet hat, „was sie zum Leben hatte". Hier steht im griechischen Text *bios*: Sie hat alles gespendet, was sie hatte, um sich Nahrung und so zu kaufen.
- Dann gibt es das Wort *psyche*. Das kommt z. B. in der Psychologie vor und heißt auch „leben". Damit ist stärker die innere Verfassung des Menschen gemeint bzw. es umfasst Körper und Geist. Wenn ein Freund dir erzählt, dass sein Leben gerade genial ist, dann meint er damit ja vermutlich nicht, dass Nahrungsaufnahme und Verdauung problemlos funktionieren, sondern dass er fröhlich, gut gelaunt und glücklich ist. Jesus sagte seinen Freunden, den Jüngern, einmal, sie sollten sich nicht so viele Sorgen über das Leben machen: „Ist nicht das Leben mehr als die Nahrung und der Körper nicht mehr als die Kleidung" (Matthäus 6,25)? Da steht das Wort *psyche* und Jesus erinnerte seine Freunde daran, dass Hab und Gut allein auch nicht glücklich machen.
- Und dann gibt es noch das Wort *zoe*, von dem unser deutsches Wort „Seele" abstammen könnte. Aber das weiß man nicht so genau. *Zoe* bedeutete ursprünglich Atem oder Hauch, heißt aber – wie die beiden anderen Begriffe auch – übersetzt ebenfalls „leben". In Matthäus 7,14 heißt es, dass „der Weg, der zum Leben führt" schmal ist. Hier steht das Wort *zoe*. Ich weiß gar nicht richtig, wie ich es beschreiben soll, aber *zoe* meint das Leben in seiner tiefsten Bedeutung und Bestimmung.

Es gibt in der Bibel eine Stelle, wo zwei dieser Wörter in Kombination auftauchen. Eine Stelle, die ich bereits weiter vorn zitiert habe: „Da machte Gott der Herr den Menschen aus Erde vom Acker und blies ihm den Odem des Lebens in seine Nase. Und so wurde der Mensch ein lebendiges Wesen" (1. Mose 2,7). In der griechischen Fassung des Alten Testaments steht da wörtlich: der Mensch wurde ein *psyche zoe*. Ein lebendiges Lebewesen. Ein beseeltes Leben. Und auch wenn es vielleicht nicht ganz richtig ist, habe ich mir das mal so erklärt: Die *zoe*, die Seele, ist so etwas wie „Gott in uns", eine Art Schnittstelle oder gemeinsame Schnittmenge zwischen uns und ihm. Gott hat etwas von seinem Leben in unser Leben hineingehaucht.

Wenn Gott sagt: „An dem Tag, wo du tust, was ich dir verboten habe, wenn du also sündigst, dann stirbst du!", dann ist damit nicht *bios* oder *psyche* gemeint, also der leibliche Tod, sondern der Tod der *zoe*, der Seele.

Warum das so ist, ist eine ganz andere Geschichte und würde den Rahmen dieses Buches definitiv sprengen. Aber kurz gesagt hat es etwas damit zu tun, dass Gott heilig und vollkommen ist. Und deshalb können Gott und Sünde nicht zusammen sein; da gibt es keine Koexistenz. Sünde und Schuld trennen uns Menschen von Gott, dem Schöpfer des Lebens.

Und das ist eine echte Tragödie, denn auch in diesem Fall gilt, dass etwas abstirbt, das von seiner Lebensquelle getrennt ist. Wenn wir getrennt sind von Gott, dann stirbt unsere Seele, unsere Beziehung zu ihm – nenne es wie du willst. Der eigentliche Sinn unseres Lebens ist, mit Gott in Verbindung zu sein und Gemeinschaft mit ihm zu haben. Dazu hat Gott uns geschaffen und erst das macht uns zu wirklich lebendigen Menschen. Aber wenn die Schnittstelle zwischen uns und ihm unterbrochen ist, dann stirbt in uns etwas ab. Und das ist der Zustand, in dem jeder Mensch eigentlich lebt: getrennt von Gott. Denn keiner von uns kommt ohne Schuld oder Sünde durchs Leben.

Aber dann taucht Jesus auf. Wenn Jesus sagt, dass keiner, der an ihn glaubt, sterben wird, dann meint er damit auch die zoe, unsere Beziehung zu Gott. Dein Körper wird sehr wahrscheinlich irgendwann absterben, aber deine Seele bleibt lebendig. Deine Verbindung zu Gott. In Ewigkeit. Wenn du an Jesus glaubst.

Damit wir leben können, muss etwas anderes Lebendiges sterben!
Das war meine zweite These zum Kreislauf des Lebens. Und genau das ist es, wovon das Neue Testament berichtet. Das ist die gute Nachricht, das Evangelium: Jesus Christus, der Sohn Gottes, ist für dich und für mich gestorben, damit wir leben können.

In einem nächtlichen Gespräch erklärte Jesus einmal einem Mann namens Nikodemus, dass er „von neuem geboren" (Johannes 3,3) werden müsse, um mit Gott verbunden zu sein. Nikodemus verstand zunächst nicht, wie Jesus das meinte, und versuchte sich wohl vorzustellen, wieder in den Bauch seiner Mutter zurückzukriechen (was für ein sonderbarer, absurder Gedanke). Aber was Jesus damit meinte, ist nicht die Wiedergeburt des biologischen Lebens, sondern dass unsere Seele, unsere Verbindung zu Gott, die *zoe*, aufs Neue zum Leben erweckt wird. Und genau das geschieht, wenn man sich für Jesus „öffnet" und an ihn glaubt. Dann entsteht neues Leben. So verrückt das auch klingt, aber es stimmt wirklich: sein Sterben schenkt uns Leben.

Und dieses Leben braucht – wie jedes andere Leben auch – Nahrung, um sich gesund zu entwickeln und zu wachsen. Und um nichts anderes geht es in diesem Buch.

Seit ich damals im Flugzeug saß und mich fragte, ob mein Glaube auch bald wieder absterben würde, beschäftigt mich die Frage, wovon der Glaube eigentlich lebt. Dieses Buch enthält einige meiner eigenen Erfahrungen von dem, was mir geholfen hat, meinen Glauben über Jahre hinweg zu „ernähren". Von den ersten Anfängen bis zum heutigen Tag. Diese „Nahrungsmittel" habe ich im Wesentlichen bei anderen Christen kennengelernt und sie von ihnen übernommen. Teilweise gehören sie sogar schon seit Jahrtausenden zum Speiseplan des Glaubens. Und ehrlich gesagt: manche dieser Nahrungsmittel „schmecken" mir nicht sonderlich gut. Genauso wie manches von dem Soulfood, das Aaron und ich damals in New Orleans serviert bekamen. Ich bin weder sonderlich diszipliniert, noch ein ausgesprochen „geistlicher" Mensch. Wenn es irgendwie dauerhaft gehen würde, würde ich mich sowohl körperlich als auch geistlich am liebsten von Fast- und Junkfood ernähren. Aber so wie das Leben normalerweise unserem Körper so viel abverlangt, dass eine Dauerernährung durch Fastfood Mangelerscheinungen verursacht[7], so fordert das Leben auch unserer Seele und unserem Glauben ganz schön viel ab: Was ist richtig und was ist falsch? Was hilft mir im Dschungel des Alltags, der Angebote und Versuchungen durchzuhalten? Und wohin mit all den Zweifeln, Unsicherheiten, Anfechtungen und Anfeindungen?

Die Sklaven in den Südstaaten der USA brauchten Nahrung für den „ganzen" Menschen: um die harte Arbeit auf den Baumwollplantagen, die Erniedrigungen und Ungerechtigkeiten durch ihre Besitzer und die Gesellschaft und Zweifel an Gott und seiner Macht und Gerechtigkeit aushalten und überwinden zu können. Soulfood eben.

Ich hoffe und bete, dass dir dieses Buch ein Verständnis dafür gibt, wie wichtig es ist, auf die Ernährung der eigenen Seele zu achten, und du in den nächsten Kapiteln praktische Anregungen bekommst, die du in deinem Leben umsetzen kannst, und deine Beziehung zu Gott sich gesund entwickelt und wächst.[8] sdg.

Ja oder Nein

„ZU GLAUBEN IST SCHWER, NICHTS ZU GLAUBEN IST UNMÖGLICH."
VICTOR HUGO

„DER GLAUBE AN GOTT IST WIE DAS WAGNIS DES SCHWIMMENS: MAN MUSS SICH DEM ELEMENT ANVERTRAUEN UND SEHEN, OB ES TRÄGT."
HANS KÜNG

Ich bin nicht als Christ groß geworden. Glaube und Religion spielten in meiner Familie seit Generationen keine Rolle. Ich wurde zwar als Kind getauft und später konfirmiert, aber Kirche und Glaube sind mir völlig fremd geblieben. Ich kann mich noch gut daran erinnern, wie ich als Konfirmand jeden zweiten Sonntag in den Gottesdienst gegangen bin (oder besser gesagt „gehen musste") und mich über all das gewundert habe, was ich da gehört und gesehen habe. Wir sangen Lieder aus dem Mittelalter (okay, das ist geschichtlich nicht ganz richtig, eigentlich stammen die meisten Kirchenlieder schon aus der Neuzeit, gefühlt stammten sie aber für mich aus dem Mittelalter), begleitet von einem Instrument, das sonst keine mir bekannte Band benutzte: die Orgel. Der Pfarrer trug im Gottesdienst nie seine normalen Klamotten, sondern einen schwarzen Kittel. Ich hatte keine Ahnung, warum. Und dann sprach er über Dinge, die ich nicht verstanden habe. Irgendwie hatten mein Leben und meine Lebenserfahrungen nichts mit dem zu tun, wovon der Pfarrer sprach. Also kam ich zu dem Ergebnis, dass dieser Verein nichts für mich ist. Dabei hatte ich mich schon sehr früh mit Fragen des Lebens beschäftigt. Mich ließ die Frage nicht los, warum wir Menschen auf der Erde sind, wo alles herkommt und wie alles angefangen hat. Ich machte mir Gedanken darüber, ob es nach dem Tod noch etwas anderes geben würde und ob wir ganz allein in diesem riesigen Weltall sind. Irgendwann landete ich dann immer wieder bei dem Gedanken, dass es entweder einen Gott geben muss, der mit allem um mich herum zu tun hat – oder dass das alles gar nichts mit Gott zu hat, sondern bloß Materie und Zufall ist. Das ist wie bei der Frage, was zuerst da war: die Henne oder das Ei?

> **Wer war zuerst da: Gott oder der Mensch? Hat Gott den Menschen und das ganze Weltall erschaffen – oder hat der Mensch Gott erschaffen, um sich das Leben und das Weltall erklären zu können?**

Manchmal wollte ich vielleicht an Gott glauben oder konnte mir zumindest den Sinn und die Herkunft des Lebens ohne die Existenz Gottes nicht vernünftig erklären. Aber andererseits war die ganze Sache mit Gott für mich letztlich auch nicht schlüssig: Wenn es Gott gibt, warum kann man ihn dann nicht letztgültig nachweisen? Wenn es Gott gibt, warum gibt es dann so viel Leid auf dieser Welt? Welchen Sinn sollte es dann gemacht haben, das Weltall, die Erde und uns Menschen zu erschaffen?

Oft hatte ich davon gehört oder gelesen, dass Gott die Erfindung von Menschen sei. Ein Hilfskonstrukt, mit dem sich die Höhlenmenschen die Welt erklärten. Höhlenmenschen hatten gelernt, dass kleine Funken entstehen, mit denen sie ein Feuer entfachen konnten, wenn sie zwei bestimmte Steine aneinander schlugen. Und von Zeit zu Zeit erlebten sie, wie plötzlich vom Himmel große Funken kamen, die mit einem Mal einen ganzen Baum in Brand setzen konnten. Und dann überlegten sich diese Höhlenmenschen Folgendes: Wenn ich mit meinen Steinen einen kleinen Funken erzeugen kann, was für ein Wesen muss das dann sein, das so große Funken erzeugen kann? Diesem Wesen gaben sie den Namen Gott. Und Gott war dann für alles verantwortlich, das sie nicht verstehen konnten.

Und ganz abgesehen von diesen „religionsgeschichtlichen" Argumenten gab es damals in meiner Familie einfach niemanden, der so richtig an die Existenz Gottes glaubte. Also konnte es Gott wohl auch nicht geben, denn sonst hätten die Leute in meiner Familie ja an ihn geglaubt. Oder so.

Aber dann hatte ich Leute kennengelernt, die von sich nicht nur sagten, dass sie an Gott glaubten, sondern sogar behaupteten, Erfahrungen mit ihm zu machen. Das fand ich so lächerlich und gleichzeitig spannend, dass ich mehr davon wissen wollte. So traf ich mich immer wieder mit diesen Leuten und diskutierte mit ihnen über den Sinn und Unsinn von Glaube und die Möglichkeit der Existenz Gottes. Das ging dann eine Zeitlang so hin und her und am Ende einer christlichen Veranstaltung, zu der sie mich eingeladen hatten, sprach ich schließlich zum ersten Mal in meinem Leben ein bewusstes Gebet: „Gott, wenn es dich wirklich gibt, dann will ich dich kennenlernen. Öffne meine Augen für deine Realität."

Seit Jahren gehört „Matrix" zu meinen absoluten Lieblingsfilmen. Die Grundstory von Matrix spielt in der Zukunft. Irgendwie kam es zu einer Art Krieg zwischen Menschen und Computern, den die Menschen offensichtlich verloren haben. Jedenfalls dienen sie jetzt den Computern als Energiequellen bzw. lebendige Batterien und „leben" in einer Art Cocoon, angeschlossen an einen Computer, der sie in eine virtuelle Welt versetzt, damit sie auch schön brav ihre Energie produzieren und so abgelenkt nicht auf die Idee kommen, sich gegen die Maschinen aufzulehnen. Allerdings gibt es noch einige Menschen, die in der echten Welt leben und immer wieder versuchen, Menschen aus der Matrix und damit aus der Gefangenschaft durch die Computer zu befreien. In dem Film gibt es eine Schlüsselszene: Thomas Anderson, genannt Neo, ein Computerhacker, wird durch den Untergrundkämpfer Morpheus und seine Leute kontaktiert. Morpheus versucht Neo klarzumachen, dass die Realität, die er wahrnimmt, nicht die wirkliche Realität ist, sondern eine komplexe Computersimulation, die Matrix. In dem Gespräch bietet Morpheus Neo zwei Pillen an: eine rote und eine blaue. Nimmt er die eine Pille, geschieht nichts, er wird die Begegnung wieder vergessen und alles bleibt beim Alten. Nimmt er die andere, werden ihm sozusagen die Augen für die wahre Realität geöffnet und sein Leben wird sich total verändern. Aber was erzähle ich dir hier. Entweder hast du den Film selbst schon mal gesehen oder du solltest ihn dir dringend anschauen.

An dem Abend, als ich zum ersten Mal gebetet habe, da war das für mich so, als ob mir auch jemand zwei Pillen angeboten hätte: entweder ich entscheide mich dafür, das ganze Gerede über Gott als Schwachsinn abzutun und an meiner Einstellung festzuhalten, nicht an Gott zu glauben; dann bleibt auf jeden Fall alles beim Alten. Oder ich riskiere den Schritt, mich auf diese Geschichte einzulassen und an Gott zu glauben, auch wenn die Beweislage dafür recht dürftig ist[9] und ich keine Ahnung habe, was dann passieren wird. Denn wenn es Gott wirklich gibt, dann könnte sich dadurch wirklich Grundlegendes in meinem Leben ändern.

Der Wechsel oder die Veränderung in meinem Leben war sicherlich nicht so krass wie der bei Neo. Äußerlich blieb vieles erst einmal gleich. Ich war immer noch Kind meiner Eltern, hing mit meinen Kumpels ab und war Soldat bei der Bundeswehr. Aber in mir drin hatte sich einiges total verändert. Auf einmal machte die ganze Sache mit Gott Sinn, es war, als ob einer den Schalter umgelegt hätte. Jedenfalls hatte ich keine Zweifel mehr daran, dass es Gott wirklich gibt.

Da hatte ich also angefangen zu glauben. Ich hatte eine Entscheidung getroffen, an Gott glauben zu wollen.[10] Und Gott hatte darauf reagiert. Aber ich merkte sehr bald, dass dies eigentlich nur der Vorgeschmack war, dass ich die richtige Pille sozusagen in die Hand oder vielleicht sogar in den Mund genommen, aber noch nicht geschluckt hatte. Denn die eigentliche Frage, die Gott mir dann nach einiger Zeit stellte, lautete: „Willst du mit mir leben? Willst du dein Leben in meine Hand geben? Bist du bereit, dich von mir führen zu lassen und dein Leben nach meinem Plan zu gestalten?" Damit hatte ich so nicht gerechnet, aber es war die logische Konsequenz. Ich meine, Neo hätte ja an die Matrix bzw. das echte Leben glauben und trotzdem in seinem Cocoon bleiben können. Hatte ja auch Vorteile. Aber es ging um nichts anderes, als von der Theorie in die Praxis überzugehen. Und diese Pille musste ich schlucken.
Ich wollte diese Pille auch schlucken. Nicht sofort. Ich musste schon einige Male darüber nachdenken, wie ernst ich das mit dem Glauben eigentlich meinte. Aber ich kam einfach zu keiner anderen Antwort, als dass es nichts Besseres und Sinnvolleres geben kann, als den Erfinder und Architekten des Lebens an das eigene Leben ranzulassen. Also habe ich „Ja" gesagt. Meine zweite Entscheidung. Und Gott fing tatsächlich an, an mir zu arbeiten. Mein Leben veränderte sich zusehends. Manchmal radikaler, als mir zunächst lieb war.

In der Bibel gibt es eine wichtige Geschichte, die viel mit Entscheidung zu tun hat. Das Volk Israel war nach der Befreiung aus der Sklaverei in Ägypten und einem Umweg durch die Wüste endlich in dem Land angelangt, das Gott ihnen versprochen hat. Ungefähr das Gebiet, das heute auch den Staat Israel ausmacht. Jetzt konnte also das „normale" Leben beginnen: sich niederlassen, Freundschaften knüpfen, Beziehungen eingehen, Job suchen, Frau bzw. Mann finden, heiraten, Haus bauen, Fußball spielen ...

Doch bevor es losgeht, werden sie noch einmal alle zusammengetrommelt und Josua, sozusagen der Präsident des Volkes, hält eine Rede. Die Geschichte steht im

Buch Josua, Kapitel 24. Josua erinnert die Leute an die Zeit, als Gott noch keine Rolle in ihrem Leben (bzw. im Leben ihrer Vorfahren) spielte, und an den Weg, den Gott mit ihnen gegangen war. Und am Ende seiner Rede stellt er das Volk vor eine Entscheidung: „Lebt mit Gott, und zwar ganz und gar, oder lasst es sein. Was wollt ihr?"[11]

Entscheidung für Gott.
In Theorie und Praxis.
Davon „nährt" sich die Seele. Davon lebt der Glaube.

An die Existenz Gottes zu glauben ist dabei aber nur ein Aspekt. Ein Aspekt, der am Ende letztlich sogar relativ unbedeutend ist, wenn der Glaube im Leben, im Alltag keine Bedeutung hat; wenn Gott eine Theorie bleibt und nicht zur Praxis wird. Der Apostel Jakobus, vermutlich ein leiblicher Bruder von Jesus[12], schreibt in seinem Brief davon, dass selbst „Dämonen" an die Existenz Gottes glauben. Aber wenn man nicht mit Gott lebt und sich nicht an seinen Geboten orientiert, dann ist das Ganze nutzlos.

Wenn es bei uns im Gottesdienst oder in anderen Veranstaltungen manchmal Angebote zu einer Entscheidung gibt, dann nutze ich die gelegentlich. Um mir und Gott das noch einmal zu sagen, es sozusagen in Erinnerung zu rufen: „Mein Leben gehört dir, Gott!"[13] Da geht es dann nicht darum, mich noch einmal zu „bekehren". Das habe ich ja gemacht und Gott hat mich angenommen. Aber es geht darum „umzukehren", mein Leben wieder neu auf Gott und auf seine Gebote für mein Leben auszurichten. Denn meine Erfahrung ist, dass ich im Lauf der Zeit immer wieder dazu neige, langsam aber stetig von Gott wegzudriften, und dann mehr und mehr mein eigenes Ding mache, Gott und sein Plan für mein Leben aus dem Blickfeld rutschen. Oder es schleichen sich Gewohnheiten ein, die nicht gut und manchmal auch richtig falsch sind. Deshalb brauche ich manchmal diesen Impuls von einer anderen Person, mein Leben neu und bewusst Gott „unterzuordnen". Wieder auf den richtigen Kurs zu kommen, beginnt dann meistens mit einer willentlichen und bewussten Entscheidung, dass ich von neuem „Ja" sage.

Learning by heart!

Bibelverse zum Auswendiglernen

Ich aber
und meine Familie,
wir wollen
dem Herrn dienen.
Josua 24,15

Ich bin der Weg,
ich bin die Wahrheit,
und ich bin das Leben!
Ohne mich kann niemand
zum Vater kommen.
Johannes 14,6

Noch stehe ich vor deiner Tür
und klopfe an. Wer jetzt auf
meine Stimme hört und mir
die Tür öffnet, zu dem werde
ich hineingehen und
Gemeinschaft mit ihm haben.
Offenbarung 3,20

Was hast __du__ dazu zu sagen?

Fragen zur eigenen Reflexion und zum Weiterdenken.

Wann und wie war das mit deiner „Entscheidung für Gott"?
Was war der Auslöser? Und warum?

Welche Erfahrungen, Fragen oder Hindernisse machen es dir manchmal schwer,
an Gott zu glauben – in Theorie und / oder Praxis, also in deinem Kopf und / oder
deinem Alltag?

Was ist in deinem Leben durch deine Entscheidung für Gott anders
geworden? Welche größeren oder kleineren Veränderungen hast du
(oder haben andere) an dir festgestellt?

Wenn du an die Worte von Josua an das Volk Israel denkst, an die
Herausforderung „Gott zu dienen" – was geht dann in dir vor?
Wie denkst du darüber? Willst du Gott dienen – mit deinem ganzen
Leben? Was bedeutet das für dein Leben?

Ich bin
noch nicht selbst groß

„DIE MEISTEN MENSCHEN WISSEN GAR NICHT, WIE BEGABT SIE SIND.
SIE FINDEN EINFACH KEINE LEHRER, DIE AN SIE GLAUBEN.
UND IRGENDWANN HALTEN SIE SICH DANN FÜR BLÖD ...“
SEAN MAGUIRE IN GOOD WILL HUNTING

„DAS GUTE AN UNSERER BEZIEHUNG IST, DASS ICH DIR SAGEN KANN,
WAS ICH WILL, ABER AM ENDE MACHST DU DOCH, WAS DU WILLST.“
HARTMUT, MEIN „GEISTLICHER VATER“

Was glaubt man eigentlich als Christ? Und wie lebt man als Christ?
Manuel und ich gingen in dieselbe Grundschule. In meiner Erinnerung wurden wir vor allem deshalb Freunde, weil wir beide einen Hang zum Unfug hatten. Manuel hatte bereits im Kindergarten einmal Streichhölzer mitgebracht und versucht, ihn anzuzünden. Leider, aus seiner Sicht, bemerkte es die Kindergärtnerin zu früh. In der Grundschule versuchten wir uns gelegentlich darin, die Schultür oder die Klassentür in den Pausen zu verriegeln, sodass nach dem Ende der Pause keiner ins Gebäude oder ins Klassenzimmer reinkonnte und die Pause für uns somit länger wurde.

Manuels Eltern waren ziemlich fromm. Die waren sogar so fromm, so erzählte man sich bei uns im Dorf, dass sie nicht in die Kirche, sondern in eine besondere Versammlung gingen. Und das war bei uns auf dem Dorf etwas durchaus Verdächtiges. Einmal nahmen sie mich und Manuel mit zu einer größeren Veranstaltung in Gießen. Wir waren vielleicht sieben oder acht Jahre alt. Auf dem Festplatz an der Ringallee war ein großes Zelt aufgebaut, wie bei einem Wanderzirkus. Nur dass es weit und breit keine Tiere gab. Und keine Manege. Dafür stand auf der Bühne ein großer Chor und ein Mann im Anzug war dabei, eine Rede zu halten. Manuel und ich wurden am Zelteingang von einer lächelnden Frau abgefangen und in ein Seitenzelt geführt, während seine Eltern in einer der Stuhlreihen verschwanden.

In dem Seitenzelt waren ebenfalls Stühle aufgestellt und es war bereits eine größere Anzahl von Kindern versammelt. Wir sollten uns ebenfalls hinsetzen. Ziemlich weit vorn. Ein Mann und eine Frau standen dort. Sie sang und hielt dabei Pappschilder in die Höhe, auf denen der Liedtext stand, der Mann spielte Gitarre und versuchte ebenfalls mitzusingen. Alles war sehr fröhlich – oder sollte zumindest fröhlich sein. Dann gab es eine Rede, an deren Inhalt ich mich leider überhaupt nicht mehr erinnern kann. Aber ich weiß noch, dass wir am Ende der Rede nach vorn kommen sollten, wenn wir ein Geschenk haben wollten. Das Stichwort „Geschenk" ließ in mir die Alarmglocken läuten. Ein Geschenk, das wollte ich natürlich haben. Also ging ich nach vorn. Manuel begleitete mich und auch einige andere Kinder waren nach vorn gekommen. Als Geschenk gab es dann irgendein Pappding mit einem Spruch drauf und die Erwachsenen gratulierten uns. Ich war enttäuscht. Ich hatte mit einem Auto gerechnet. Am liebsten ein ferngesteuertes. Oder ein Spielzeugflugzeug. Aber die Erwachsenen freuten sich. Auch Manuels Eltern freuten sich, als sie das Pappding sahen, denn das signalisierte ihnen wohl, dass ich „nach vorn" gegangen war.

Ohne dass ich es gewusst hatte, war ich bei einer Zeltevangelisation gewesen. Und ohne dass ich es verstanden hatte, hatte ich mich in den Augen der Mitarbeiter bekehrt. Aber ich hatte nur das Geschenk gewollt. Ehrlich. Ich hatte ja nicht mal mitbekommen, dass es sich um eine „christliche" Veranstaltung handelte.

Der Kontakt mit Manuel brach nur einige Zeit später ziemlich ab. Manuel hatte irgendwoher Zigaretten organisiert und wir versteckten uns in der Scheune seiner Eltern, um zu rauchen. Natürlich erwischte uns sein Vater, vermutlich weil wir zu laut gehustet haben. Ich wurde nach Hause geschickt, Manuel bekam den Hintern versohlt und uns wurden weitere Treffen verboten – weil ich einen schlechten Einfluss auf Manuel hätte oder so. Ich erinnere mich heute noch manchmal an die Worte seiner

Mutter, als sie mich an der Haustür verabschiedete: „Karsten, ich bin so traurig und enttäuscht von dir!"

Ich glaube, sie war vor allem enttäuscht, weil ich irgendwie nicht so wurde, wie sie es gehofft hatte. Dabei war ich doch in Gießen „nach vorn" gegangen. Trotz mehrfacher Einladung bin ich nicht mit in die wöchentliche Kindergruppe der Versammlung gegangen, sondern weiterhin lieber zum Fußballspielen. In ihren Augen erweckte wohl nichts an mir den Eindruck, dass ich wirklich ein Kind Gottes sein wollte. Deshalb war ich wohl kein geeigneter Freund für Manuel.

Nachdem ich später wirklich Christ geworden war und dann in einer sogenannten Landeskirchlichen Gemeinschaft landete, begegnete ich dort bei einer Veranstaltung Manuels Eltern wieder. Ich erkannte sie sofort und auch sie erkannten mich sofort. Mir war etwas sonderbar zumute und ich machte mich innerlich darauf gefasst, dass sie mich auch hier rausschmeißen würden. Aber es kam ganz anders. Sie freuten sich wirklich riesig, mich zu sehen. Und sie erzählten mir von Manuel und den anderen Geschwistern. Und von ihren Fehlern. Davon zu streng gewesen zu sein, aus Angst davor, dass Manuel auf den falschen Weg kommen könnte. Davon, dass sie vergessen hatten, Manuel in die Freiheit des Glaubens zu führen und ihn stattdessen in eine Art Familiengefängnis gesteckt hatten, in der Hoffung, dass ihr Glaube auch sein Glaube werden würde.

Manuel hatte sich als Jugendlicher ganz von zu Hause und vom Glauben abgewandt und sich irgendwann ins Ausland abgesetzt. Seine Eltern suchten weiter Kontakt zu ihm und versuchten auch weiter Einfluss auf sein Leben zu nehmen, um ihn wieder auf den „rechten Pfad" zu bringen. Aber irgendwann wurde ihnen klar, dass das nicht funktionieren würde. Ihnen wurde mehr und mehr bewusst, was sie alles falsch gemacht hatten, und baten Manuel um Vergebung. Sie sagten ihm, dass sie ihn lieben würden, egal wie sein Leben aussehen und egal was er glauben würde. Und langsam fing Manuel an, wieder auf seine Eltern zuzugehen.

Ich erzähle das, weil mir durch die Erfahrung mit der Zeltevangelisation und den Eltern von Manuel im Nachhinein einiges aufgegangen ist: nämlich dass es gut und wichtig ist, im Glauben so etwas wie Tourguides zu haben. Reiseführer. Mentoren, wie manche auch dazu sagen. Oder, wie ich es sonst lieber nenne: geistliche Eltern. Und zwar aus folgendem Grund:

Eltern haben ja unter anderem die Aufgabe, ein Kind großzuziehen, damit es möglichst selbständig wird. Dazu müssen sie dem Kind erklären, wie das Leben funktioniert, und ihm helfen, sich zu entwickeln. So ähnlich ist das im Glauben auch.

Wir brauchen Leute, die uns erklären, wie der Glaube und das Leben mit Jesus funktionieren. Wir brauchen Leute, die uns helfen, unseren Glauben weiterzuentwickeln. Und das auf einer möglichst persönlichen Ebene.

Der Apostel Paulus schreibt davon, dass man am Anfang des Lebens mit Jesus noch wie ein Säugling ist und „Milch" braucht, also einfache Nahrung. Aber dabei sollen wir nicht stehen bleiben, sondern im Glauben erwachsen werden.[14] Und zum „Erwachsenwerden" gehört neben einer gehaltvolleren Nahrung auch die Hilfe und Anleitung der Eltern.

Meine Eltern konnten mir dabei nicht helfen, weil sie selbst keine Beziehung zu Jesus und von daher keine Ahnung vom Glauben hatten. Also hätte und habe ich „geistliche" Eltern gebraucht - damals als Kind, als ich noch keine Vorstellung von Gott hatte, und auch als ich mich dann als junger Erwachsener später für Jesus entschieden hatte – denn ich hatte ja keine Ahnung, wie das Leben mit Jesus funktioniert.

Und was Manuel betrifft: Ich denke, auch ihm hätten geistliche Eltern gutgetan. Das gilt auch für viele andere Jugendliche, die ich inzwischen kennengelernt und teilweise begleitet habe.

Bei manchen Leuten können die eigenen Eltern einen lange begleiten. Aber gerade in der Pubertät, wenn man anfängt sich von zu Hause „abzunabeln" und seine eigene Meinung und seinen eigenen Glauben finden will, finde ich es mehr als hilfreich, jemand anderes als die eigenen Eltern zu haben, der einem bei der geistlichen Entwicklung hilft: Jemand, der mit etwas mehr Distanz auf mein Leben und meinen Glauben schauen kann. Jemand, dem ich Dinge anvertrauen kann, die ich meinen Eltern kaum sagen könnte. Aber auch jemand, von dem ich Kritik oder Ermahnung besser akzeptieren kann als von den eigenen Eltern.

Ich hatte vor allem einen geistlichen Vater: Hartmut, der Pfarrer aus dem Nachbarort. Schon relativ bald nach meiner Bekehrung kam ich in Kontakt mit ihm und er bot mir an, mich in meinen ersten Schritten im Glauben zu begleiten. Wir trafen uns also recht regelmäßig. Mindestens einmal im Monat. Und dann sprachen wir über mein Leben und was jetzt wichtig war in meiner Lebensphase. Und wir sprachen über die Bibel, über Jesus, über den Heiligen Geist, über Geistesgaben, über den Umgang mit Geld, Beziehungen, Wünschen und der eigenen Lebensplanung.

Und er zwang mich zum Lesen. Jedes Mal, wenn ich bei ihm war, gab er mir ein neues Buch mit, das ich lesen sollte. Manchmal war das ganz schön heavy, was er mir sagte und zu lesen gab. Aber ich bin ihm heute so dankbar dafür, denn es hat mein Leben und meinen Glauben enorm geprägt.

Später hatte ich noch andere Leute, die mich jeweils eine Zeit lang begleitet haben. Diese Zeiten waren mal länger, mal kürzer und meistens ging es dann um konkrete Fragen in dem jeweiligen Lebensabschnitt (Studium, Beziehungen, meine erste Stelle als Jugendpastor ...). Aber immer ging es darum, mein Leben und meinen Glauben zu reflektieren und Rat zu bekommen, damit beides stabiler und „erwachsener" wurde.

In der Bibel gibt es einige Beispiele für solche Beziehungen. Mose kümmerte sich um Josua, Elia um Elisa und Petrus um Markus. Und Paulus kümmerte sich um Timotheus. Die beiden begegneten sich zum ersten Mal in Lystra, einer Stadt in der heutigen Türkei, während einer der sogenannten Missionsreisen von Paulus. Timotheus lebte dort bei seiner Mutter und man ist sich heute nicht einig darüber, wie alt Timotheus damals war. Manche meinen, dass er noch fast ein Teenager war, andere behaupten, dass er schon über 30 gewesen sein muss. Ist mir aber eigentlich egal. Wichtig an der Beziehung zwischen den beiden ist, dass Paulus bereit war, Timotheus zu helfen, sich im Leben und in seiner Beziehung zu Gott zu entwickeln. Keine Ahnung, ob das vorher schon klar war oder nicht, jedenfalls ging Timotheus später in den „vollzeitlichen" Dienst und wurde Leiter einer Gemeinde.

Es sind uns immerhin zwei Briefe erhalten, die Paulus an seinen „Sohn im Glauben" geschrieben hat. Diese Timotheus-Briefe zeigen etwas von der besonderen Beziehung der beiden zueinander. Da geht es um Lehre, darum, dass Timotheus mehr über Gott, über Jesus und das Leben in der „Nachfolge" Jesu verstehen und umsetzen kann. Es geht um Ermutigung für den noch recht jungen Leiter Timotheus. Es geht um die Frage von Gaben und Fähigkeiten. Es geht um Trost, also Zuspruch in schwierigen Phasen. Es geht um Ermahnung (auch das gehört dazu, dass wir uns von unseren geistlichen Eltern ermahnen lassen), aber auch um Stärkung, z. B. dadurch, dass Paulus als geistlicher Vater für Timotheus betet oder sich öffentlich hinter ihn stellt und ihn verteidigt.

In dem Fall war es so, dass Paulus auf Timotheus zugegangen war und ihm anbot, ihn zu begleiten und zu fördern.[15] So hatte ich das ja auch bei Hartmut erlebt, dass er mir diese Möglichkeit anbot. Andere „geistliche Väter" habe ich selbst darauf angesprochen, ob sie mich für eine Zeit lang begleiten könnten.[16] Und sie alle hatten und haben einen wichtigen Anteil daran, dass ich heute da bin, wo ich bin, dass mein Glaube lebendig und meine Freundschaft zu Jesus gewachsen ist.

Und inzwischen ist es eine meiner Aufgaben geworden, selbst geistlicher Vater für jüngere Leute zu sein. Denn wir werden großgezogen, damit wir einmal selbst Eltern sind ...

Learning by heart!
Bibelverse zum Auswendiglernen

Richtet euch nach dem,
was ich euch gelehrt habe,
und lebt nach meinem
Vorbild. Dann wird Gott
bei euch sein und euch
seinen Frieden schenken.
Philipper 4,9

Wir waren liebevoll zu euch wie
eine stillende Mutter zu ihrem
Kind. Aus Liebe zu euch waren
wir nicht nur dazu bereit, euch
Gottes rettende Botschaft zu
verkünden, sondern auch uns
selbst, unser ganzes Leben mit
euch zu teilen.
1. Thessalonicher 2,7.8

Denn ihr wisst, dass wir, wie ein
Vater seine Kinder, einen jeden
von euch ermahnt und getröstet
und beschworen haben, euer
Leben würdig des Gottes zu
führen, der euch berufen hat zu
seinem Reich und zu seiner
Herrlichkeit.
1. Thessalonicher 2,11.12

Was hast <u>du</u> dazu zu sagen?

Fragen zur eigenen Reflexion und zum Weiterdenken.

Welche Menschen waren bisher für das Wachstum oder die „Entwicklung"
deines Glaubens von Bedeutung – und warum?

Welche Person könnte für dich ein geistlicher Vater / eine geistliche Mutter sein?
Wirst du diese Person darauf ansprechen?

Für welche Fragen in deinem Leben hättest du gern Begleitung
auf der Suche nach Antworten?

Kommunikation –
reden und zuhören

„MAN KANN NICHT NICHT KOMMUNIZIEREN."
PAUL WATZLAWICK

„GEBET IST, WENN DU MIT GOTT SPRICHST.
MEDITATION IST, WENN DU AUF GOTT HÖRST."
DIANA ROBINSON

Reden mit dem Gott, der hört

Eigentlich kommuniziere ich unheimlich gern. Vermutlich war ich in der Grundschule nicht umsonst der Klassenclown. Ich gehörte zu den Kindern, die immer was zu sagen hatten. Zwar nur selten etwas, das mit dem Unterricht zu tun hatte, aber doch so interessante Dinge, dass ich sie unbedingt mit meinen Tischnachbarn oder gar mit der ganzen Klasse teilen musste. Genauso gern wie ich von mir erzählte, hörte ich aber auch die Geschichten von anderen. Mich interessierten ihre Erlebnisse, Abenteuer, Witze und wirren Fantasien. Wenn ich also nicht selbst am Quatschen war, forderte ich einfach die anderen in meiner Nähe auf, mir Geschichten zu erzählen. Nachdem mich meine Lehrerin mehrmals umgesetzt hatte und ich selbst Antje, das mit Abstand bravste Mädchen unserer Klasse, zum Quatschen verleitet hatte, musste ich dann an einem Einzeltisch sitzen. Direkt gegenüber vom Lehrerpult. Mann, war das langweilig! Und da nun niemand neben mir oder in meiner direkten Nähe saß, dem ich mich hätte mitteilen oder etwas aus der „Nase" ziehen können, musste ich mich halt umdrehen, um so mit dem Rest der Klasse kommunizieren zu können. Aber auch das hat der Lehrerin nicht gefallen. Später hatte ich einen Fensterplatz. Da wurde es etwas besser. Auch heute noch liebe ich es zu kommunizieren. Vermutlich bin ich deshalb ein Fan von Facebook, Youtube, Twitter und anderen sogenannten Social Medias.

Aber hier kommt mein Problem: Ich neige deutlich zur Oberflächlichkeit. Wenn mich jemand fragt, wie es mir geht, dann weiß ich immer nie, was ich so recht sagen soll: „Ei ja, gut!" Das war es dann schon. Es gibt aber Menschen, die mit einer solchen Antwort nicht zufrieden sind und eine „ehrlichere" Antwort wollen. Manchmal haken solche Leute dann nach, mit einem sanften Fauststoß auf die Brust: „Wie geht's dir wirklich, Karsten!? So in dir drin?"
Solche Fragen lösen in aller Regel große Ratlosigkeit in mir aus. Warum fragt mich die Person nicht nach einer lustigen Geschichte? Nach etwas Absurdem, das ich gesehen, gehört, gelesen oder erlebt habe? Da habe ich meistens reichlich zu berichten. Aber wie es mir so innen drin geht? Ich nehme an gut, oder? Sonst würde es mir schlecht gehen, oder?

Irgendwann habe ich festgestellt, dass diese „Oberflächlichkeit" auch Auswirkungen auf meine Beziehung zu Gott hat. Ich hatte relativ schnell gelernt und verstanden, dass auch Gott mit mir kommunizieren möchte, dass Kommunikation ein wichtiges Element in der Beziehung zu ihm ist. Kein Problem. Ich erzähle ja gern und ich höre auch gern zu. Also nahm ich mir jeden Tag Zeit, um mit Gott zu plaudern.

Aber dann lernte ich auch, dass Gott unser Leben kennt, dass er genau weiß, was uns bewegt und beschäftigt. Er sieht, was wir sehen (deswegen – so wurde mir gesagt – sollte man darauf achtgeben, was man sich so alles anschaut). Er hört, was wir hören. Er kann selbst unsere Gedanken lesen. Und als ich all das verstanden hatte, fand ich es auf einmal sehr sonderbar, Gott erzählen zu wollen, was ich erlebt hatte. Das ging dann ungefähr so:
Ich: „Hier, Gott, du wirst nicht glauben, was ich heute erlebt habe! ... Ach ja, weißt du ja schon ... Und dann der Alex, ich kann dir sagen ... mh, nichts, was du nicht schon wüsstest, richtig? ... Aber – hast du den sensationellen Videoclip gesehen? Der hat schon so viele Klicks bei Youtube ... aber, äh richtig, ganz alter Hut für dich, hast du sozusagen live gesehen, richtig? ..."

Ich wusste gar nicht mehr, über was ich so mit Gott reden sollte. Er wusste ja schon alles.

Dann gab mir jemand den Tipp, mit Gott über meine innersten Empfindungen zu sprechen. Habe ich probiert. Ging dann ungefähr so:

Ich: „Gott, ich möchte mit dir mal reden, so über mein Innenleben, über das, was mich so tief innen drin bewegt. ... Pause ... Also, mhmmm, innen drin, mhmmm ... sehr lange Pause ... Hattest du eigentlich was damit zu tun, dass die zwei Bärinnen 42 Kinder zerrissen haben, nur weil sie Elisa einen Glatzkopf genannt haben[17]?"

Irgendwie funktionierte das auch nicht. Das Ergebnis der ganzen Sache war, dass meine Gebetszeiten immer kürzer wurden und den Telefonaten mit meinem Vater ähnelten: „Hallo! Ja, alles in Ordnung, brauchst dir keine Sorgen machen, aber ich bräuchte noch dies und jenes. Tschüss, bis zum nächsten Mal." Innerhalb von zwei, maximal drei Minuten konnte alles Wichtige geklärt werden.

Zu meiner Verwirrung fand ich zufällig mal heraus, dass es auch „Langbeter" gibt. Leute, die locker 15 Minuten am Stück beten konnten. Oder sogar noch länger. Irgendwie taten mir die Leute leid. Die mussten ja ganz schöne Probleme haben. Aber irgendwie beneidete ich diese Leute auch. Denn sie hatten oft so eine richtig enge Freundschaft zu Gott. Die hätte ich auch gern (wieder) gehabt. Einfach Zeit mit ihm verbringen und ihm alles Mögliche erklären, ohne sich dabei komisch zu fühlen.

Als meine Schwester und ich noch klein waren, hatten wir sehr unterschiedliche Spielverhalten. Ich hatte Autos, sie hatte Puppen. Ich verbrachte Stunden damit, im Sandkasten Straßen und Tunnel zu bauen, um dann mit den Autos darin zu spielen. Meistens baute ich mit einem Gartenschäufelchen und anderen Geräten so intensiv und ausgiebig, dass ich am Ende kaum noch zum eigentlichen Auto-Spielen kam, weil es schon spät war und angeblich dunkel wurde. Meine Schwester dagegen spielte mit ihren Puppen, servierte Tee im kleinen Puppengeschirr, kümmerte sich um Frisuren und Outfits und unterhielt sich ausführlich mit ihnen.

Was ich damit sagen will: Für mich war Spielen also im wesentlichen Arbeiten und Spielzeug war Werkzeug. Für meine Schwester dagegen war Spielen Beziehungspflege und Spielzeug ein echtes Gegenüber.

Irgendwann in meiner Beziehung zu Gott wurde mir klar, dass Gebet für mich zu einer Art Werkzeug geworden war. Ich brauchte das Gebet nur noch als technisches Hilfsmittel, um Dinge in Ordnung zu bringen oder vorzubreiten. Dadurch hatten aber meine Zeiten mit Gott deutlich an Leichtigkeit und Intimität[18] verloren. Gott machte mir dann immer deutlicher klar, dass er eigentlich kein Werkzeug und erst recht keine Gebetserhörungs-Maschine ist, sondern ein echtes, personales Gegenüber. Und dass er Freude und Interesse daran hat, Zeit mit mir zu verbringen. So richtig aufgegangen ist mir das noch einmal beim Bibellesen. Da heißt es im Schöpfungsbericht, dass Gott in der „Kühle des Tages" im Garten Eden spazieren ging. Adam und Eva versteckten sich vor ihm, weil sie etwas angestellt hatten, und Gott rief nach den beiden: „Menschen, wo seid ihr?"[19]

Irgendwie eine lustige und sonderbare Vorstellung, dass Gott, dem nichts verborgen ist, auf der Suche nach den Menschen ist. So wie andere nach ihrem Haustürschlüssel. Und ich frage mich, ob Gott wirklich nicht wusste, wo die beiden waren und was los war. Und ich frage mich auch, ob es eine Art Gewohnheit war, gemeinsam im Garten spazieren zu gehen. Machten die das vielleicht sogar regelmäßig, jeden Nachmittag?

Also versuchte ich es noch mal von Neuem mit dem Gebet. Mit einer Tasse Tee oder einer eiskalten Cola, einem bequemen Sessel, entspannter Musik im Hintergrund – um dann Gott zu erzählen, was in meinem Leben gerade so los ist. Was mich beschäftigt. Und was ich mal wieder Absurdes gehört oder gesehen habe. Auch auf die Gefahr hin, dass er es schon längst weiß. Aber ich habe in den Jahren immer mehr den Eindruck bekommen, dass Gott es sich selbst sozusagen verbietet, in der Begegnung mit mir schon alles zu wissen. Zumindest tut er so, als ob meine Storys für ihn brandneue Geschichten sind. So wie er im Garten Eden sich wohl entschieden hatte, nicht zu wissen, wo seine beiden Menschen waren. Nur wenn mich irgendwas echt bedrückt, dann brauche ich manchmal gar nichts zu erklären. Dann sagt er schon mal zu mir: „Karsten, ich weiß wie es dir geht und was dir das Leben schwer macht – wir schaffen das schon zusammen."

So mit Gott zu reden, gelingt mir nicht immer. Manchmal schleichen sich die alten Denk- und Verhaltensmuster wieder ein. Aber irgendwann kriege ich wieder die Kurve, koche mir einen Tee oder mache mir einen Obstshake und plaudere dann ausgiebig mit Gott. Oder manchmal auch nur ein paar Minuten, Gott sozusagen „updaten", was gerade bei mir los ist. Und ich versuche das jeden Tag zu machen. Morgens, mittags und abends. Wie gesagt, das geht manchmal ganz schön schnell. Und manchmal bete ich auch einfach nur einen der Psalmen oder ein anderes „vorgefertigtes" Gebet. Aber in einer dieser Gebetszeiten versuche ich dann wirklich, zur Ruhe zu kommen und mich entspannt mit Gott hinzusetzen.

Aber Beten ist oft zuerst nur einseitige Kommunikation. Ein Monolog. Ich erzähle. **Kommunikation dagegen meint ja eigentlich nicht nur das Senden, sondern auch das Empfangen von Informationen. Also gehört dazu auch, dass Gott zu mir redet.**

Hören auf den Gott, der redet

Gott redet zu uns. Und zwar nicht nur irgendwie allgemein, sondern manchmal auch ganz persönlich in unser Leben, in eine ganz konkrete Situation hinein. Und das auf ganz unterschiedliche Arten. Man kann nicht sagen, Gott redet nur so oder so. Manchmal durch einen Traum[20] oder einen inneren Eindruck, manchmal durch die Begegnung mit einem Menschen, manchmal durch Zeichen. Aber am deutlichsten und vielleicht auch am häufigsten geschieht das durch sein Wort, die Bibel. Entweder während man selbst darin liest, indem einem plötzlich eine Aussage oder ein Abschnitt von besonderer Bedeutung ist und einen „anspricht"; oder aber durch einen Verkündiger, also durch eine Predigt. So „höre" zumindest ich Gott am häufigsten.[21]

(Was jetzt kommt, finde ich persönlich sehr spannend. Ist aber nicht wirklich wichtig zu wissen. Von daher kannst du den nächsten Abschnitt auch überspringen und zur Seite 40 blättern. Aber wenn es dich interessiert, warum die Bibel wichtig und wie sie entstanden ist, dann solltest du ruhig weiterlesen.)

Immer wieder bin ich im Lauf der Jahre der Frage begegnet, ob wir die Bibel wirklich brauchen und ob es wirklich wichtig ist, in der Bibel zu lesen.
Reicht es nicht auch aus, wenn sich Christen gegenseitig von dem erzählen, was Gott jedem gesagt oder wie er sich gezeigt hat?! Und ist es nicht vielleicht sogar besser, auf die Bibel zu verzichten, weil wir dann näher an Jesus dran sein müssen, um ihn zu hören? Die Bibel ist ja letztlich nur ein Buch über Gott und Jesus, aber nicht Gott selbst. Da ist durchaus etwas dran und die ersten Christen mussten ja auch ohne Neues Testament auskommen. Bevor die Bibeltexte schriftlich festgehalten wurden, waren die meisten von ihnen Geschichten und Lebensberichte, die mündlich weitergegeben bzw. weitererzählt wurden. Nur vereinzelt gab es Schrift-

stücke wie Briefe oder Evangelien. Aber andererseits war genau das der Grund, warum die Bibel so „entstand", wie wir sie heute kennen.

Einer der ersten großen inneren Kämpfe, denen sich die Christenheit in den ersten Jahrhunderten zu stellen hatte, war die sogenannte „Gnosis". Gnosis, wieder mal ein griechisches Wort, heißt übersetzt einfach „Wissen" oder „Erkenntnis". Da traten in den christlichen Gemeinden plötzlich Leute auf, die behaupteten, dass es noch weitere, bis dahin geheime Lehren von Jesus und den ersten Aposteln gibt und dass sie diese kennen. Diese Lehren waren teilweise sehr absurd und sonderbar und so wurde aus dem Gott des Alten Testaments ein böser, negativer Gott. So wie auch die ganze Schöpfung böse sein sollte und man durch höhere Erkenntnisse das „Menschsein" hinter sich lassen könne. Oder so ähnlich.

Und dann tauchten auch noch Schriftstücke der „Gnostiker" auf. Teilweise waren das Briefe oder Texte, die Leute aus dem Lager der Gnosis verfasst hatten, aber teilweise überarbeiteten sie einfach bestehende Schriften wie z. B. das Lukasevangelium und legten dort Jesus ihre Lehren in den Mund. Die Gemeinden sahen sich dadurch herausgefordert, darauf zu reagieren und zu fragen, was denn jetzt stimmte und was nicht.

Die zwei großen Gegenspieler jener Zeit waren Marcion, ein „Bilderbuch-Gnostiker", und Irenäus von Lyon, der etwa 140-200 nach Christus lebte. Irenäus machte den damaligen Leitern klar, dass die Kirche sich als Antwort auf die Herausforderungen und Gefahren der Gnosis Folgendes überlegen und entscheiden musste:

a) Gibt es eine „Autorität" über das, was Christen glauben? Kann man das irgendwie beschreiben und für alle gemeingültig festlegen? Und b) Was sind die verbindlichen Texte[22] der Kirche?

Bis dahin waren die Briefe und Evangelien wahllos in den verschiedenen Gemeinden verstreut. Die eine Gemeinde besaß vielleicht eine Abschrift vom Matthäusevangelium und eine andere Gemeinde besaß wiederum etwas anderes. Manche Gemeinden hatten sogar mehrere Texte, aber oft gab es auch unterschiedliche Versionen von den Texten. Mal hatte man beim Auf- oder Abschreiben etwas weggelassen (z. B. aus Faulheit oder Platzgründen), mal hatte man noch einen erklärenden Satz eingefügt. Diese gesamten Berichte, so meinte Irenäus, müsse man sammeln, sichten, erfassen und daraus dann eine Sammlung verbindlicher und anerkannter Texte zusammenzustellen. Und genau das hat er dann auch getan. Sein Ergebnis war mit dem heutigen Neuen Testament fast identisch. Es haben sich nur noch ein paar Kleinigkeiten danach geändert.

Dass wir also eine Bibel bzw. ein Neues Testament haben, hat damit zu tun, dass auf einmal nicht mehr klar war, was Christen eigentlich glauben, was richtig und was falsch ist und wie wir leben sollen und wie nicht.

Manchmal denke ich, dass wir uns gar nicht so sehr von den ersten Christen unterscheiden, denn wir haben mit ähnlichen Schwierigkeiten zu kämpfen wie sie. Es gibt so viele Religionen und vor allem auch christliche Sekten, und es gibt so viele verschiedene Möglichkeiten, sein Leben und seinen Glauben zu gestalten, aber erst anhand einer gemeinsamen Grundlage kann ich prüfen, was richtig ist und was nicht. Und das gilt auch für meine eigenen Gedanken, Vorstellungen und Wünsche: Auch wenn ich den Heiligen Geist habe, kann ich mich trotzdem irren. Nicht alles, wovon ich denke, dass es von Gott ist, muss auch von ihm sein. Und vielleicht ist manches, was ich denke, in Wirklichkeit von ihm und ich merke es nicht. Aber woher soll ich das allein wissen? Und genau das ist einer der zentralsten Punkte, warum wir die Bibel brauchen: aufgrund der Unsicherheit (oder wenn man so will: Bedrohung) von außen, aufgrund von Irrlehren und Falschaussagen über Gott, Jesus und den Glauben und aufgrund der Unsicherheit von innen, also meine eigene Unwissenheit oder Fehleinschätzung.

Wenn es mir egal ist, was ich letztlich wirklich glaube und wie mein Leben sich gestaltet, dann brauche ich keine Bibel. Aber wenn ich entschieden mit Jesus leben will, dann brauche ich sein Wort, dann brauche ich es, dass sein Wort in meinem Leben zu Wort kommt. Deshalb ist *Information* ein wichtiger Punkt, der für die Bibel spricht. Aber mindestens genauso wichtig, vielleicht sogar noch wichtiger ist die *Transformation*. Gottes Ziel mit der Bibel ist nicht nur Information, sondern Transformation, d.h. dass wir verändert werden zu einem Leben, wie es Gott entspricht. Er ist heilig und wir sollen es auch sein. Früher sprach man manchmal davon, dass die Bibel drei Funktionen in unserem Leben hat: Riegel, Spiegel, Regel!

Mit *Riegel* waren die Verbote gemeint, um uns Menschen klarzumachen, was falsch ist und wie wir nicht leben bzw. was wir nicht tun sollen: Du sollst nicht töten! Du sollst nicht ehebrechen! Du sollst nicht begehren! Du sollst keine anderen Götter haben! Du sollst nicht fluchen über Menschen, die dich nicht hören können, oder Menschen eine Falle stellen, die es nicht ahnen können!
Mit dem *Spiegel* meinte man, dass die Bibel wichtig ist für die Selbsterkenntnis. Wie denke, lebe, glaube ich? Halte ich mich an das, was Jesus, was Gott sagt? Liebe ich meine Feinde? Achte ich darauf, Gottes Schöpfung zu bewahren, oder konsumiere ich gedankenlos? Strebe ich nach den Gaben des Geistes? Liebe ich Gott wirklich? Als Spiegel sollte die Bibel einem helfen, sich vor Gott richtig zu erkennen und wo nötig dann auch Buße zu tun und sich zu ändern.
Und da kommt dann die *Regel* ins Spiel. Die Bibel als Regel zur Gestaltung des Lebens, damit mein Leben immer mehr dem entspricht, wie es eigentlich sein soll-

te. In aller Unvollkommenheit – nobody is perfect. Aber ich sollte es mir zur Regel machen, meinen Zehnten[23] zu geben, die Versammlungen der Gemeinde nicht einfach so zu schwänzen, für unsere Regierungen zu beten, mich mit meinen Gaben einzubringen oder Menschen hoch zu achten.

Ich persönlich brauche das. Immer wieder. Auf mich strömt jeden Tag durch Fernsehen, Radio, Internet oder die Begegnung mit anderen Menschen so viel ein. Und das hinterlässt seine Spuren in mir, sodass ich in meinem Denken und Wollen und Handeln manchmal eher „von der Welt" als „von Gott" geprägt bin. Aber eigentlich will ich das nicht. Deshalb brauche ich Gottes Reden, Gottes Wort, um die Dinge wieder im richtigen Licht zu sehen.

Wie gesagt bin ich nicht als Christ groß geworden. Daher musste ich die Bibel für mich komplett neu entdecken. Ich war nie in der Sonntagsschule oder im Kindergottesdienst und kannte aus dem Religions- und Konfirmandenunterricht gerade mal einige Geschichten der Bibel in ihren groben Zügen. Aber mehr nicht.
Aufgrund meines mangelnden Wissens habe ich am Anfang gern sogenannte Bibellesehilfen[24] benutzt, in denen jeden Tag ein Abschnitt aus der Bibel kurz erklärt wird. Später war mir das zu wenig. Ich wollte mehr Infos und vor allem selbst hören oder verstehen, ob bzw. was Gott mir vielleicht durch diesen Abschnitt sagen will. Aber wie ich festgestellt habe, ist das nicht immer so einfach. Manche Passagen in der Bibel sind super. Vor allem die Jesus-Geschichten. Da verstehe ich meistens sofort, was ich daraus lernen kann oder was Gott mir zeigen will. Aber dann gibt es auch Abschnitte, die einfach nur zäh und trocken sind. Mir ging das vor allem bei den Briefen so. Das war manchmal ganz schön frustrierend, ich fand die Bibel dann nur doof und hatte keine Lust mehr zu lesen, weil die Texte mir einfach nichts gesagt haben. Und dann wieder zur Bibellesehilfe zu greifen, war auch nicht so der Knaller. Ich wollte Gott selbst und direkt begegnen – und nicht nur lesen, was einer anderen Person beim Lesen für Gedanken gekommen sind. Vor einigen Jahren hat sich mein Bibellesen enorm verändert, denn ich bin durch Freunde auf eine uralte Form des Bibellesens gestoßen, die vor allem von Mönchen praktiziert wurde: lectio divina.

„Lectio divina" ist lateinisch und heißt so viel wie „göttliche Lesung". Sie sollte den Mönchen bei der Meditation von Bibeltexten helfen, mit dem Ziel in diesen Texten letztlich Gott selbst zu begegnen. Das Ganze funktioniert anhand von vier Phasen oder Elementen: *lectio, meditatio, oratio und contemplatio.*
Und so mache ich das:

Lectio, auf Deutsch „lesen". Also den Bibeltext lesen. Aber nicht nur einmal, sondern mehrmals. Auch mal ganz langsam. Den Text ruhig mitsprechen. Oder nach jedem Vers eine Pause machen. Und dabei die „Augen" offenhalten: Worum geht es hier in dem Abschnitt? Was ist die Situation? Wer tut oder sagt etwas? Und dann achte ich darauf, ob mir irgendwelche Wörter, Sätze oder Gedanken aus dem Text besonders auffallen, bei denen ich irgendwie hängenbleibe. Vielleicht will ja Gott mich genau darauf hinweisen. Irgendwann habe ich angefangen, in jedem Textabschnitt nach drei solcher Wörter oder Sätze Ausschau zu halten und sie in meiner Bibel anzustreichen. Ich versuche diese Phase immer sehr ernst zu nehmen, weil ich glaube, dass Gott grundsätzlich zu mir reden will. Wenn ich diese drei Wörter oder Sätze gefunden und unterstrichen habe, dann schreibe ich sie mir in mein „Stille-Zeit-Buch"[25].

Meditatio, auf Deutsch „meditieren". An dem Punkt lege ich den Bibeltext zur Seite und „meditiere" über die drei Wörter bzw. Sätze. Eines nach dem andern. Da ist dann vielleicht das Wort „Liebe" dabei und ich denke darüber nach, wie sehr Gott mich liebt und wie es um meine Liebe zu ihm steht. Oder wie es um meine Liebe zu anderen Menschen steht. Oder das Wort „Geld", „Hingabe", „Freund" oder sonst was. Manchmal fallen mir dann zu den Wörtern weitere Bibelstellen oder Lieder oder bestimmte Menschen bzw. Situationen ein. All diese Gedanken schreibe ich mir auf.

Oratio, auf Deutsch „beten". Dann bete ich darüber. Sage Gott, was mir aufgefallen ist, und bete für die Menschen oder Situationen, die mir eingefallen sind.
Das war es dann im Wesentlichen schon. Meine Erfahrung ist, dass ich durch diese Form bis jetzt in jedem Bibeltext etwas „gefunden" habe. Auch in schwierigen, die ich kaum verstehe. Auf jeden Fall rechne ich damit, dass Gott da mit im Spiel ist und meine Augen beim Lesen „mitlenkt" und so zu mir reden will.

Einen Begriff habe ich bis jetzt noch unterschlagen: *contemplatio,* auf deutsch etwa „gemeinsames Betrachten". Eigentlich meint das, in der Kontemplation, also der Betrachtung und Anbetung Gottes zu bleiben. In verschiedenen Büchern und Aufsätzen habe ich aber auch gelesen, dass die Mönche manchmal am Ende ihrer „Stillen Zeit" sich von dem erzählten, was Gott ihnen in dem Text gezeigt hatte. So „betrachteten" sie noch mal gemeinsam, was sie vorher allein gelesen hatten. In dem Sinne erzähle ich manchmal Freunden, auf was ich beim Bibellesen gestoßen bin. Oder wir treffen uns, um gemeinsam zu lesen und hinterher darüber auszutauschen. So wie die Mönche früher.

Learning by heart!

Bibelverse zum Auswendiglernen

*Reden
mit dem Gott,
der hört*

> ## Überlass alle deine Sorgen dem Herrn! Er wird dich wieder aufrichten; niemals lässt er den scheitern, der treu zu ihm steht.
> ### Psalm 55,23

> ## Bittet Gott, und er wird euch geben! Sucht, und ihr werdet finden! Klopft an, und euch wird die Tür geöffnet! Denn wer bittet, der bekommt. Wer sucht, der findet. Und wer anklopft, dem wird geöffnet.
> ### Lukas 11,9.10

> ## Macht euch keine Sorgen! Ihr dürft Gott um alles bitten. Sagt ihm, was euch fehlt, und dankt ihm!
> ### Lukas 11,9.10

Hören
auf den Gott,
der redet

Dein Wort
ist wie ein Licht in der
Nacht, das meinen Weg
erleuchtet.
Psalm 119,105

Der Mensch
lebt nicht allein vom Brot,
sondern von allem,
was Gott ihm zusagt.
Matthäus 4,4

Denn die ganze Heilige Schrift
ist von Gott eingegeben. Sie
soll uns unterweisen; sie hilft
uns, unsere Schuld einzusehen,
wieder auf den richtigen Weg
zu kommen und so zu leben,
wie es Gott gefällt.
2. Timtheus 3,16

Was hast du dazu zu sagen?

Fragen zur eigenen Reflexion und zum Weiterdenken.

Reden mit dem Gott, der hört

Wenn du mit Gott redest, macht dir das „Spaß" oder ist das eher „Arbeit"?

_____

_____

_____

Gibt es Zeiten, in denen es dir leichter fällt mit Gott zu reden? (morgens, mittags oder abends; aber auch Unterschiede zwischen Schule/Arbeit und Ferien)

_____

_____

_____

Hast du einen Lieblingsort, an dem du gern betest?

_____

_____

_____

Hören auf den Gott, der redet

Gab es irgendwas Relevantes, Interessantes, Ermutigendes, Neues für dich in diesem Abschnitt?

_____

_____

_____

Wann und wie hat Gott zuletzt oder früher einmal durch die Bibel zu dir gesprochen? Was hat er dir klargemacht?

Hat Gott auch einmal anders als durch die Bibel zu dir gesprochen? Wenn ja: Wie war das?

Gibt es etwas, das du in Bezug auf die Kommunikation mit Gott (gilt also für beide Abschnitte) ändern, beibehalten, angehen ... willst?

Communio sanctorum –
Die Gemeinschaft der Heiligen

**„DENN DAZU KOMMT MAN IN DER KIRCHE ZUSAMMEN,
DAMIT WIR DARIN VON GOTT LEHREN. DAS IST DIE PREDIGT VOM
GLAUBEN, VON GOTTES GEDULD, WIE ER DIE SEINEN FÜHRT.
WO DIES NICHT LAUT WIRD, DA IST ES KEINE KIRCHE,
SONDERN SIND ES KUH- UND SAUSTÄLLE."
MARTIN LUTHER**

**„DIE KIRCHE IST WIE DIE ARCHE NOAH – IN IHR RIECHT ES NUN WIRK-
LICH NICHT GUT, ABER WENN MAN AUSSTEIGT, ERTRINKT MAN !"
UNBEKANNT**

Ich war also irgendwann Christ geworden. An einem Mittwochabend. Und dann blieb ich bis Freitag in der Kaserne, in der ich als Soldat stationiert war, und fragte mich, was ich nun als Nächstes tun sollte. Zum Beispiel eine Bibel besorgen. Soweit ich wusste, hatten wir Zuhause so etwas nicht. Aber in Gießen gab es einen Laden, in dem man Bibeln kaufen konnte. Was ich dann auch am ersten Freitag nach meiner Bekehrung getan habe. Ich fuhr nach Gießen, ging in die Buchhandlung und kaufte mir eine Bibel. Allerdings war es „nur" ein Neues Testament, wie sich rausstellen sollte. Aber das war mir beim Kaufen nicht bewusst.

Und dann dachte ich mir, es wäre gut in einen Gottesdienst zu gehen. Ich war ja nicht ganz doof und von daher war mir klar, dass Glaube und Kirche bzw. Gottesdienst zusammenhängen. Aber bei uns im Dorf in die Kirche? Wo ich konfirmiert worden war? Das konnte ich mir nur sehr schwer vorstellen. Da war ich ja als Jugendlicher schon ein paar Mal und das war nie der Knaller gewesen. Ich wusste aber, dass es so etwas wie Freikirchen gibt. Aber ich war mir nicht sicher, ob man da einfach so aufkreuzen kann. Wo könnte ich also hingehen? Vielleicht zu den Amis! Bei uns in Gießen gab es ein recht großes Militärgelände der US-Armee. Und ich kannte einige Soldaten, von denen ich wusste, dass sie manchmal in den Gottesdienst gingen. Also habe ich die gefragt und bin dann tatsächlich am Sonntag mit ihnen in eine amerikanische Gemeinde gegangen. Das war schon ziemlich anders, als ich so etwas bis dahin kannte. Angefangen damit, dass es außer mir nur noch eine zweite weiße Person gab. Der Rest waren alles Afroamerikaner. Los ging es bereits um 09.00 Uhr mit „Sunday school". Wir waren in alters- und glaubensgemäße Gruppen eingeteilt. Ich war in der Gruppe für frisch Bekehrte. Allerdings gab es keine anderen frisch Bekehrten in meinem Alter. So verbrachte ich eine Stunde mit 12- bis 13-jährigen Kids und wir lernten, dass man als Christ keine „4-letter-words" mehr gebrauchen sollte. Wir taten so, als ob wir keine Ahnung hätten, welche Wörter das sein könnten, und versuchten die Lehrerin dazu zu bekommen, uns welche zu sagen – damit wir wissen, welche Wörter wir nicht mehr benutzen sollen. Aber sie ließ sich leider nicht darauf ein.[26] Danach begann der Gottesdienst. Die Musik war klassischer Gospel mit Chor und allem Drum und Dran. Das hatte was von *Sister Act*. Am Anfang standen wir die meiste Zeit, sangen, klatschten und dann kam die Predigt. Und dann gab es wieder Gesang und man konnte nach vorn kommen und für sich beten lassen. Danach gab es Mittagessen.

So ging das dann einige Wochen und ich bin echt gern dort in den Gottesdienst gegangen.

Aber auf Dauer kam ich mir dort etwas fremd vor. Vielleicht vor allem wegen der Hautfarbe. So landete ich auf interessanten Wegen etwas später in einer Landeskirchlichen Gemeinschaft in unserem Nachbarort.

Vielleicht fragst du dich, warum ich so ausführlich davon schreibe, wann ich in was für eine Gemeinde gegangen bin. Gute Frage. Ich glaube vor allem deshalb, weil ich es immer noch spannend finde, dass es für mich von Anfang an irgendwie klar war, als Christ auch in einen Gottesdienst zu gehen bzw. zu einer Gemeinde zu gehören. Und das, obwohl meine Erfahrungen bis dahin ja ziemlich lausig gewesen waren.

Warum ist das so, dass die Gemeinde so eine große Bedeutung für uns Christen hat, dass sie sogar im Glaubensbekenntnis erwähnt wird: „Ich glaube an die heilige, christliche Kirche, Gemeinschaft der Heiligen ..." Denn eigentlich geht es doch um meine persönliche Beziehung zu Gott, um meinen persönlichen Glauben. Zumindest ist dies das Thema in fast allen gängigen Lobpreisliedern. Da geht es oft nur um mich und Gott: *„All I need is you, Lord"* oder *„Mein Jesus, mein Retter"* oder *„Ich will dich anbeten"*. Und von daher scheint es doch das Beste zu sein, einfach mit Gott verbunden zu sein. Dann hat man alles, was man braucht. So wie im Garten Eden. Nur Gott und der Mensch, dann ist alles gut. *All I need is you, Lord.*

Aber ehrlich, ich bin mir nicht sicher, ob das wirklich so stimmt. Und zwar aus folgendem Grund: Ziemlich am Anfang in der Bibel, wo noch alles in Ordnung ist, hatte Gott den Menschen geschaffen und Gott und Mensch waren zusammen im Garten Eden. Perfekter Ort, perfekter Zustand, perfekte Gemeinschaft. Aber dann steht in der Bibel Folgendes: Gott, der Herr, dachte sich: „Es ist nicht gut, dass der Mensch allein lebt. Er soll eine Gefährtin bekommen, die zu ihm passt!" Es ist so, als ob Gott eine Art Ist-Analyse gemacht hat und zu der Erkenntnis kam, dass alles schön und gut hier ist, aber dem Menschen noch etwas fehlt. Es ist also nicht einmal der Mensch, der sich bei Gott beschwert, sondern Gott ist es, der feststellt, dass hier einfach etwas nicht stimmt. Obwohl Gott da ist, ist der Mensch irgendwie allein.

Dieser Abschnitt endet dann damit, dass Gott einen zweiten Menschen erschafft. In dem Fall eine Frau. Und auch wenn die beiden ein Paar werden und zusammenziehen, geht es an der Stelle nicht einfach nur darum, dass Männer und Frauen einander heiraten sollen. Sondern im Kern geht es darum, dass wir Menschen nicht dazu geschaffen sind, allein zu sein. Wir sind von Gott so konstruiert, dass wir andere Menschen brauchen, dass wir Menschen zusammengehören. Ich habe einmal gehört, dass das Leben leer und unerfüllt bleibt, wenn man nicht in einer sinnvollen, bedeutsamen Beziehung mit anderen Menschen lebt – egal wie erfolgreich oder berühmt oder reich man ist. Und das gilt sogar für die Beziehung zu Gott. Egal wie intensiv man mit Gott lebt – ohne gute Freundschaften bleibt eine Einsamkeit.

Von daher ist es nicht ganz richtig, wenn wir das Ganze mit Gott und Glaube zu individualistisch sehen, als ob es nur um Gott und mich und meine Beziehung zu ihm gehen würde. Das ist falsch. Gott hat das nie so gedacht. Sondern von Anfang an ging es ihm auch um Gemeinschaft zwischen den Menschen.

Nun ist es leider nur so, dass die meisten Probleme oder Schwierigkeiten, die ich in meinem Leben habe, mit anderen Menschen zu tun haben. Menschen, die mir auf die Nerven gehen, die mich enttäuschen, versetzen, verletzen, ärgern, anlügen, bestehlen, übers Ohr hauen wollen, mir die Show stehlen oder andere Dinge tun, sodass ich nichts mit ihnen zu tun haben will und die Menschheit manchmal am liebsten auf den Mond schießen würde. Und auf der anderen Seite bin ich mit meinen Macken und Unfähigkeiten aber mindestens genauso oft das Problem für andere. Deshalb ging es im Leben und Sterben Jesu nicht nur darum, unsere Beziehung zu Gott zu versöhnen und wiederherzustellen, sondern genauso darum, unsere Beziehungen zu anderen Menschen wieder in Ordnung zu bringen. Und die Kirche oder die Gemeinde ist Gottes Eingreifen in die Geschichte der Menschheit, um uns wieder zusammenzubringen und Leben so werden zu lassen, wie es einmal gedacht war.[27]

> **Die Gemeinde ist uns von Gott gegeben, damit wir einen Ort haben, an dem das Leben für uns und für andere am idealsten gelingen kann.**

Die erste christliche Gemeinde war die Gemeinde in Jerusalem. Nach der Auferstehung und der Himmelfahrt Jesu versammelten sich seine Jünger und Freunde regelmäßig, um miteinander zu beten und Gemeinschaft zu haben. In einem kurzen Abschnitt wird in der Apostelgeschichte das „Wesen" der Gemeinde beschrieben: „Alle in der Gemeinde ließen sich regelmäßig von den Aposteln im Glauben unterweisen und lebten in enger Gemeinschaft, feierten das Abendmahl und beteten miteinander. Eine tiefe Ehrfurcht vor Gott erfüllte sie alle. Er wirkte durch die Apostel viele Zeichen und Wunder. Die Gläubigen lebten wie in einer großen Familie. Was sie besaßen, gehörte ihnen gemeinsam. Wer ein Grundstück oder anderen Besitz hatte, verkaufte ihn und half mit dem Geld denen, die in Not waren. Täglich kamen sie im Tempel zusammen und feierten in den Häusern das Abendmahl. In großer Freude und mit aufrichtigem Herzen trafen sie sich zu gemeinsamen Mahlzeiten. Sie lobten Gott und waren im ganzen Volk geachtet und anerkannt. Die Gemeinde wuchs mit jedem Tag, weil Gott viele Menschen rettete" (Apg 2,42-47).

Gemeinde war ein Ort, wo man geistliches Leben miteinander teilte, aber auch praktisches Leben, und sich gegenseitig im Alltag unterstützte; je nachdem, wo einer gerade Hilfe brauchte. Und das nicht nur 60 bis 90 Minuten am Sonntag, sondern auch unter der Woche. Das hatte Auswirkungen und die Gemeinde wurde immer größer. Klar: Gott rettet Menschen, nicht die Gemeinde. Aber ich bin davon überzeugt, dass die Gemeinde viel dazu beitragen kann, ob Menschen sich retten lassen oder nicht. „An eurer Liebe zueinander, an eurer Art miteinander umzugehen, werden die Menschen erkennen, dass ihr meine Jünger seid."[28] – so hatte es Jesus seinen Jüngern gesagt. Christen sind daran zu erkennen, dass sie aufeinander Rücksicht nehmen, sich gegenseitig unterstützen und trösten, das Leben feiern, sich versöhnen und einander vergeben, füreinander beten und gemeinsam versuchen, das Leben auf die Reihe zu kriegen.

Aus eigener Erfahrung weiß ich, dass Gemeinden leider oft ganz anders aussehen. Das Gemeindeleben ist meist auf ein oder zwei Veranstaltungen pro Woche reduziert, in denen man oft nur Besucher ist. Ganz abgesehen von vielen Uneinigkeiten, Streitereien, Unversöhnlichkeiten und negativem Gerede über andere Leute. Der Kirchenvater Augustinus soll einmal gesagt haben: „Die Kirche ist eine Hure, aber sie ist meine Mutter!" Leider gibt die Gemeinde Gottes oft ein schlechtes Bild ab. Aber das ist trotzdem noch kein Grund, die Kirche aufzugeben oder nicht mehr hinzugehen, sondern vielmehr ein Grund, selbst Kirche zu sein und Gemeinde zu leben. Und außerdem gibt es immer noch eine Menge Gemeinden, die versuchen, in unserer Zeit die Prinzipien der ersten Gemeinde zu leben. Ich habe das einmal erlebt, während ich noch im Studium war: Da ich meine Ausbildung in der Schweiz, auf St. Chrischona, absolvierte, bekam ich kein BAföG. Also zahlte ich die Studiengebühren und alles andere von dem, was ich gespart hatte. Aber irgendwann ging mir die Kohle aus und ich sagte Gott, dass er sich langsam was einfallen lassen muss. Am gleichen Abend rief mich der Pastor meiner Heimatgemeinde an, um mir zu sagen, dass sie ab jetzt die Hälfte meiner Studiengebühren übernehmen wollten. Sie hatten am Abend vorher eine Gemeindesitzung und sich überlegt, dass sie ihre Verbundenheit und Unterstützung zu mir in Zukunft genau dadurch zum Ausdruck bringen wollten. Und noch ein paar andere Leute, die teilweise selbst dort studiert und daher erlebt hatten, wie das mit Geld im Studium ist, fingen an, mich finanziell zu unterstützen, weil sie der Überzeugung waren, dass ich das sicherlich gebrauchen könnte. Oder ich denke an Zeiten, wo wir versucht haben, regelmäßig als Gemeinschaft von Christen miteinander zu essen und auch sonst das Leben zu teilen und füreinander da zu sein. Das hat so viel verändert und wir haben ganz oft noch weitere Leute, auch Nichtchristen, an unserem Tisch begrüßen dürfen und nie hatten wir zu wenig zum Essen. Aber immer reichlich zu erzählen, mal zum Lachen und mal zum Weinen.

John F. Kennedy hat einmal gesagt, man solle nicht nur fragen, was der Staat für einen tue, sondern auch, was man selbst für den Staat tun kann. Und das gilt meiner Meinung nach auch für die Gemeinde. Sie ist nicht dafür da, mir ein möglichst gutes Unterhaltungsprogramm zu bieten, sondern um in Gemeinschaft mit anderen zu leben und zu glauben. Das geht aber nur, wenn ich selbst ein aktiver Part der Gemeinde bin und mit anderen Christen Gemeinschaft habe. Und damit ist definitiv nicht gemeint, am Sonntag eine Zeit lang nebeneinander zu sitzen, sondern miteinander zu essen, miteinander zu beten, miteinander über den Glauben und das Leben im Allgemeinen zu reden und gemeinsam sich umeinander und um andere zu kümmern.

Learning by heart!
Bibelverse zum Auswendiglernen

Wie schön und angenehm
ist es, wenn Brüder [und
Schwestern] in Frieden
zusammenleben!
Ja, dort schenkt der Herr
seinen Segen und Leben, das
niemals aufhört.
Psalm 113,1b.3b

Die Gläubigen lebten wie in einer
großen Familie. Was sie besaßen,
gehörte ihnen gemeinsam. Wer ein
Grundstück oder anderen Besitz
hatte, verkaufte ihn und half mit dem
Geld denen, die in Not waren.
Täglich kamen sie im Tempel
zusammen und feierten in den
Häusern das Abendmahl.
Apostelgeschichte 2,44-46a

Alles hat Gott ihm [Jesus]
zu Füßen gelegt und ihn zum
Haupt seiner Gemeinde
gemacht. Sie ist sein Leib:
Der Schöpfer und Vollender
aller Dinge lebt in ihr mit
seiner ganzen Fülle.
Epheser 1,22.23

Was hast <u>du</u> dazu zu sagen?

Fragen zur eigenen Reflexion und zum Weiterdenken.

Was bedeutet dir deine Gemeinde und wofür bist du deiner Gemeinde dankbar?

Was sollte sich deiner Meinung nach in deiner Gemeinde verändern?
Was hätten andere Menschen von dieser Veränderung?

Wie willst du dich in deiner Gemeinde einbringen, um ein „lebendiger Teil"
davon zu sein? (siehe 1. Korinther 12,12ff.)

Serve somebody

„YOU MAY BE AN AMBASSADOR TO ENGLAND OR FRANCE. YOU MAY LIKE TO GAMBLE, YOU MIGHT LIKE TO DANCE. YOU MAY BE THE HEAVYWEIGHT CHAMPION OF THE WORLD. YOU MAY BE A SOCIALITE WITH A LONG STRING OF PEARLS. BUT YOU'RE GONNA HAVE TO SERVE SOMEBODY, YES INDEED. YOU'RE GONNA HAVE TO SERVE SOMEBODY. WELL, IT MAY BE THE DEVIL OR IT MAY BE THE LORD, BUT YOU'RE GONNA HAVE TO SERVE SOMEBODY."
BOB DYLAN

„GRAU IST ALLE THEORIE, ENTSCHEIDEND IST AUF'N PLATZ!"
ADI PREIßLER, EHEM. FUßBALLER BEI BORUSSIA DORTMUND

„Gotta serve somebody …" – irgendjemandem musst du dienen. Das ist der Titel eines Liedes von Bob Dylan, einem der bedeutendsten und einflussreichsten Musiker (nicht nur) in den USA. Dylan war bereits ein sehr erfolgreicher Musiker, als er Christ wurde. Da war er 36 oder 37 Jahre alt. Und aus dieser Entscheidung für ein Leben als Christ schrieb er dann unter anderem dieses Lied. Als er nämlich sein Leben reflektierte, war ihm klargeworden, dass unser Leben und das, was wir daraus machen, immer eine Auswirkung hat – entweder eine positive oder eine negative. Wir können nicht neutral leben. Und ihm als Christ war dann klargeworden:

Entweder dient unser Leben Gott und dem, was ihm wichtig ist, oder es dient dem, was nicht im Sinne Gottes ist.
Also dem Teufel, wie er es in seinem Lied nennt: „... it may be the devil or it might be the Lord, but you're gonna have to serve somebody!"

Vor einiger Zeit war ich in Birmingham, Alabama, einer Stadt im Süden der USA. Und ich war dort als Teil einer Art Studienreise rund um das Thema „Bürgerrechtsbewegung". Bis vor wenigen Jahrzehnten gab es im Süden der USA faktisch noch Sklaverei und in den Städten und Dörfern herrschte eine strikte Rassentrennung. Die schwarze Bevölkerung war von so gut wie allem ausgeschlossen und Birmingham war zu jener Zeit ein Zentrum dieser Segregation. Bei der Tour sagte man uns, dass Birmingham die am meisten „getrennte" Stadt der USA war. Schwarze durften nicht in Schulen gehen, in die weiße Kinder gingen, nicht in Restaurants, nicht in Schwimmbäder, nicht in Parks. Genauso waren fast alle Spielplätze, Bibliotheken und viele Supermärkte für sie verboten. Nicht einmal Aufzug durften sie fahren, wenn ein Weißer in der Nähe war. Und natürlich auch nicht wählen oder Universitäten besuchen. Schwarze wurden einfach vom gesellschaftlichen Leben ausgeschlossen und so unterdrückt. In den 60er Jahren des letzten Jahrhunderts bildete sich dann landesweit Widerstand gegen die Rassentrennung. Einer der führenden Köpfe des Widerstands war Martin Luther King, ein schwarzer Pastor aus Atlanta. Auffallend war, dass damals vor allem junge Leute, teilweise noch Teenager, sich gegen dieses „böse" System zur Wehr setzten. Fast immer gewaltlos. Schüler verließen gemeinsam den Unterricht, um auf den Straßen für die Menschenrechte zu demonstrieren: damit sie leben durften, wie andere auch, und nicht länger als Menschen 2. Klasse behandelt oder gar mit Tieren auf eine Stufe gestellt wurden. Wenn sie Glück hatten, wurden sie nur verhaftet. Aber oft hetzte die Polizei ihre Hunde auf die jungen Demonstranten, setzte Wasserwerfer und Schlagstöcke ein. Oder sie schauten zu, wie aufgebrachte weiße Bürger Kinder und Jugendliche verprügelten. Nicht wenige starben durch solche Übergriffe.
Angefangen hatte der Widerstand in den Kirchen. Leute, mit denen wir in Birmingham zusammentrafen und die als Jugendliche teilweise selbst Teil der Bürgerrechtsbewegung waren, erzählten uns davon, wie Gott in den Kirchen der Afroamerikaner[29] eine Leidenschaft geweckt hatte, die Ungerechtigkeit und somit das Böse zu überwinden, damit Schwarze und Weiße in Frieden, Gleichheit und Liebe zusammenleben können. So wie sich Gott das sicherlich gedacht hatte. Sie verstanden ihren Widerstand daher nicht nur als einen Kampf für ihre Rechte, sondern auch als einen Kampf gegen das Böse.

An einem Sonntagmorgen, dem 15. September 1963, verübten Weiße einen Bombenanschlag auf eine schwarze Kirche in Birmingham. Die Attentäter hatten die Bombe an den Räumen angebracht, in denen der Kindergottesdienst stattfand, und vier Kinder starben durch die Explosion, 22 weitere wurden verletzt. Die meisten Menschen erwarteten jetzt Ausschreitungen der Afroamerikaner, aber die blieben aus. Auf der Trauerfeier für die verstorbenen Kinder hieß es: „Wir dürfen die Hoffnung für unsere weißen Brüder jetzt nicht aufgeben. Wir müssen sie weiter lieben und ihnen helfen, aus ihrer selbstgemachten Gefangenschaft herauszukommen. Wir müssen ihnen weiter dienen mit gewaltlosen Mitteln, damit sie zur Erkenntnis kommen und Gottes Reich kommen kann." Und so setzten sie ihren friedlichen Widerstand fort, auch aus Liebe zu ihren „weißen Brüdern und Schwestern". Sie beteten für die Weißen, obwohl sie immer wieder von ihnen verprügelt oder Freunde und Familienmitglieder sogar gelyncht wurden. Sie zogen gewaltlos auf die Straßen, so wie einst das Volk Gottes im Kampf gegen Jericho.[30] Sie sangen von der Liebe Gottes und seiner kommenden Welt und hielten an dem Traum fest, den Gott in ihre Herzen gelegt hatte und den Martin Luther King in einer seiner berühmtesten Predigten zum Ausdruck brachte: „I have a dream ..." Den Traum, dass eines Tages Schwarze und Weiße gleichberechtigt und in Frieden zusammen leben und die Kinder ehemaliger Sklavenhalter mit den Kindern ehemaliger Sklaven miteinander spielen.

Was ich dort in Alabama gehört und gesehen habe, hat mich tief bewegt. Und es war, als ob Gott selbst durch diese schwarzen Brüder und Schwestern fragte: „Karsten, wem oder was dient eigentlich dein Leben? Geht es dir auch um andere? Oder geht es dir meistens letztlich nur um dich, um deinen Erfolg, dein Ansehen, deine Bequemlichkeit oder deine Wünsche?"

„... well, it may be the devil or it may be the Lord, but you're gonna have to serve somebody ... "

Diese Frage stelle ich mir in meinem Leben seit Jahren immer wieder:
Wofür lebe ich eigentlich gerade?
Was hat meine Umwelt davon, dass es mich gibt?

Und angeregt zu diesen Fragen wurde ich sozusagen durch Jesus selbst bzw. durch eine Bibelstelle, die ich einmal auswendig gelernt habe – ein Wort von Jesus an seine Jünger: „Der Menschensohn (damit meinte er sich selbst) ist nicht gekommen, um sich bedienen zu lassen, sondern um zu dienen und mit seinem Leben viele

Menschen aus der Gewalt des Bösen zu befreien" (Markus 10,45). Und an einer anderen Stelle ist auch davon die Rede, dass wir nicht anderen Kräften, sondern nur Gott „dienen" sollen.[31] Oder wie es jemand einmal gesagt hat: Im Glauben geht es nicht bloß darum, von der Erde in den Himmel zu kommen, sondern auch darum, den Himmel auf die Erde zu bringen.

Nachdem ich eine Zeit lang in der Gemeinde in meinem Nachbarort war, sprach mich mein Pastor an. Er müsse mit mir reden. Ich dachte, jetzt fliege ich raus. Ich hatte bestimmt irgendetwas falsch gemacht oder so. Aber es war ganz anders. Wir saßen zusammen bei ihm im Wohnzimmer und er sagte mir: „Karsten, du bist Christ geworden und du bist Teil einer Gemeinde geworden. Jetzt wird es auch Zeit, dass du dich einbringst und irgendwo mitarbeitest." Ich sollte also nicht rausfliegen, sondern mich noch mehr einbringen. Nur wo? Ich entschied mich für die Jungschar. Meine Überlegung war, dass die noch klein sind und nicht so viel wissen. Aber ich hatte mich schwer getäuscht und war vermutlich einer der schlechtesten Jungscharmitarbeiter aller Zeiten. In aller Regel mussten die Kinder mir biblische Geschichten erzählen und erklären, weil ich sie nicht kannte. Die Kinder haben mir Zusammenhänge in der Bibel gezeigt und erklärt, wer was mit wem zu tun hatte.

Das Einzige, was ich gut konnte, waren Geländespiele. Ich war ja Soldat. Also ging ich so oft wie möglich mit meinen Jungscharlern in den Wald. Allerdings hatten wir ein behindertes Kind in der Gruppe, das im Rollstuhl saß. Eigentlich ein cooles Teil, zwar sauschwer, aber dafür mit Elektroantrieb, Beleuchtung und anderem Schnickschnack. Dieser Junge war mit seinem Rollstuhl voll dabei und jagte so schnell er konnte durch den Wald. Das war jetzt nicht wirklich schnell, zumindest konnte er selbst bei Vollspeed kein einziges Kind einholen, aber die Hauptsache war, er war dabei.

Irgendwann war er dann verschwunden. Das fiel uns aber erst auf, als es langsam dunkel wurde und wir nach Hause wollten. Zunächst dachte ich, dass einer der Jungs ihm ein Kabel von der Batterie abgezogen hatte. Manchmal machten sie das, um ihn zu ärgern oder wenn er sie nervte. Also knöpfte ich mir meine Pappenheimer vor. Aber sie alle versprachen mir hoch und heilig und beim Leben ihrer Großeltern, dass sie keine Ahnung hatten, wo er steckte, und dass sie nichts gemacht hatten.

Tja. Wir konnten ihn ja schlecht allein im Wald zurücklassen. Wie hätte ich das den Eltern erklären sollen? Also mussten wir ihn suchen. Und nach einiger Zeit fanden wir ihn auch. Er war mit seinem Rollstuhl in einer Art Senke gelandet und kam dort nicht mehr heraus. Er dachte, es sei nur ein Hügel, und war Vollgas drüber, aber dann landete er in dieser Kuhle und kam nicht mehr vorwärts und nicht mehr rückwärts. Also musste ich ihn rausschieben. Hatte ich mir zumindest so gedacht. Aber sein Rollstuhl war schwerer, als ich dachte, und ich schaffte es nicht allein. Erst als wir alle gemeinsam anpackten, konnten wir den Jungen mitsamt Rollstuhl Zentimeter für Zentimeter aus der Senke schieben. Als wir ihn dann draußen hatten, gab es einen Riesenjubel und in meiner Erinnerung lagen wir uns alle gegenseitig in den Armen. Wir waren glücklich, denn wir hatten etwas Gutes getan und einen Menschen gerettet.

Das war einer der ersten Momente, in denen ich wusste, dass ich mein Leben für andere Menschen einsetzen will. Meine unfrommen Kumpels haben mich ausgelacht, weil ich jeden Dienstagnachmittag mit Kindern gespielt habe. Aber das machte mir immer weniger aus, weil ich merkte, dass ich Teil von etwas Größerem sein durfte: Ich durfte den Kindern helfen sich zu entwickeln, Erfahrungen zu machen und sie in ihrer Beziehung zu Gott begleiten und prägen.

Seitdem bringe ich mich an verschiedenen Stellen ein und mache immer wieder die Erfahrung, dass ich selbst „beschenkt" werde, wenn ich mich für andere einsetze. Aber ganz abgesehen davon, was ich davon „habe": es gehört einfach zum Glauben dazu. Im Jakobusbrief steht, dass ein Glaube, der nicht aktiv wird im Einsatz für andere, eigentlich ein toter Glaube ist.[32] Ein Glaube, der einfach nicht lebt.

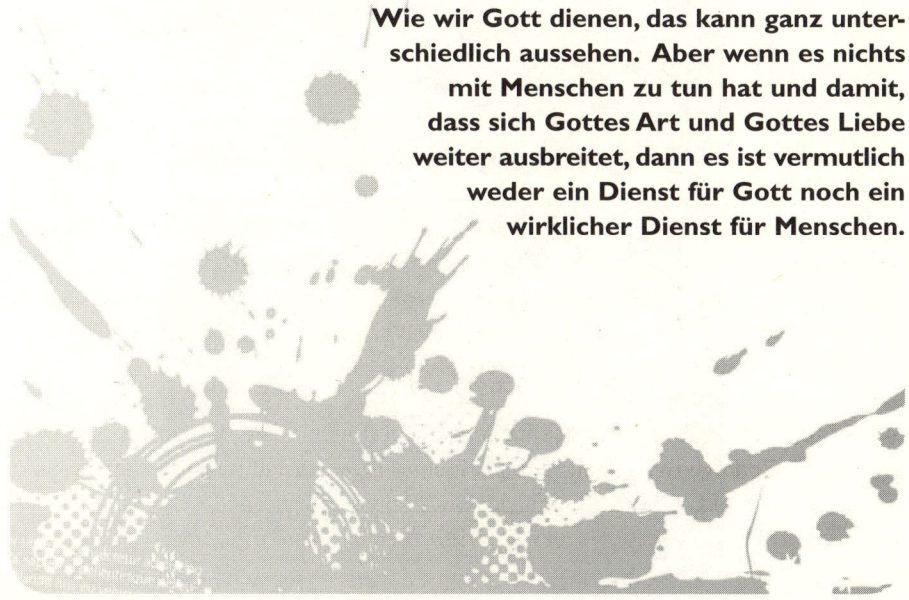

Wie wir Gott dienen, das kann ganz unterschiedlich aussehen. Aber wenn es nichts mit Menschen zu tun hat und damit, dass sich Gottes Art und Gottes Liebe weiter ausbreitet, dann es ist vermutlich weder ein Dienst für Gott noch ein wirklicher Dienst für Menschen.

Learning by heart!

Bibelverse zum Auswendiglernen

Diejenigen, die vielen
Menschen den richtigen
Weg gezeigt haben,
leuchten für immer und
ewig wie die Sterne.
Daniel 12,3b

Der Menschensohn ist nicht
gekommen, um sich bedienen
zu lassen. Er kam, um zu
dienen und sein Leben
hinzugeben, damit viele
Menschen aus der Gewalt des
Bösen befreit werden.
Markus 10,45

Jeder soll dem anderen
mit der Begabung dienen,
die ihm Gott gegeben hat.
Wenn ihr die vielen Gaben
Gottes in dieser Weise
gebraucht, setzt ihr sie
richtig ein.
1. Petrus 4,10

Was hast du dazu zu sagen?

Fragen zur eigenen Reflexion und zum Weiterdenken.

Abgesehen von deinen Eltern: Von welchen Menschen hast du bis jetzt in deinem Leben am meisten profitiert und wie haben sie dir „gedient"?

Hast du schon mal erlebt, dass du selbst „beschenkt" wurdest, als du dich für andere eingesetzt hast?
Wenn ja: Wie war das? Was hat es dir selbst „gebracht"?
Wenn nein: Wem könntest du diese Frage stellen, der eine positive Antwort geben könnte? Was hat diese Person erlebt?

Was tust du oder was könntest du tun, damit sich Gottes Liebe und seine Art weiter ausbreitet? Willst du das überhaupt?

Hast du eine Ahnung davon, welche Gaben Gott dir gegeben hat und wo/wie du sie für ihn einbringen kannst?[33]

Pando –
Jenseits des Tellerrands

„IN GOTTES GARTEN GIBT ES VIELE BLUMEN!"
UNBEKANNT

„WAS WIR TUN MÜSSEN ... IST, UNSERE VIELFALT ZU FEIERN
UND ÜBER UNSERE UNTERSCHIEDE ZU DISKUTIEREN,
OHNE DABEI UNSERE GEMEINDEN ZU ZERSTÖREN!"
HILLARY CLINTON

Vor einiger Zeit habe ich einen Artikel über einen Baum gelesen, der gleichzeitig ein Wald ist. Oder umgekehrt: ein Wald, der eigentlich nur ein Baum ist. Wie auch immer. Dieser „Wald" steht in Utah in den USA und wird von den Leuten dort „Pando" genannt, ein lateinisches Wort, das so viel heißt wie „ich strecke mich aus". Der Pando ist ein Wald, der nur aus einer einzigen Baumart besteht, einer Art Espe. Und hier kommt der Knaller: Espen haben die Eigenart, sogenannte Wurzelsprößlinge zu bilden. Das heißt, dass aus einer Wurzel mehrere genetisch identische Bäume oder korrekter gesagt Stämme wachsen können. Deshalb kann ein solcher Espenbaum aus mehreren Stämmen bestehen. Das ist ungefähr so, wie wenn mir neben meinen zwei Armen noch ein dritter oder vierter Arm und dazu noch diverse Beine wachsen würden. Beim Pando geht es dabei allerdings nicht nur um drei oder vier Stämme, sondern um geschätzte 47.000. Das ist eine Menge Holz. Der ganze „Baum" erstreckt sich über eine Fläche von über 40 km^2.

Würde man also durch den Pando laufen, dann würde man scheinbar lauter einzelne, unterschiedliche Espen sehen. Manche davon sind recht alt, teilweise sogar schon abgestorben. Manche sind noch jung und wieder andere sind nicht mehr als ein Sprössling. Diese „Bäume" sind aber in Wirklichkeit nur ein einzelner Baum, eine organische Einheit, denn sie entstammen alle ein und derselben Wurzel. Die Wissenschaftler sind sich nicht ganz einig, wie alt diese Wurzel wirklich ist, aber es sind minimum ein paar Tausend Jahre.

Als ich das gelesen hatte, dachte ich, dass dieser Baum ein geniales Bild für die Kirche ist. Mit Kirche meine ich hier nicht irgendein Gebäude oder eine bestimmte Organisation, sondern die Gesamtheit aller Christen in Vergangenheit und Gegenwart. Damit du vielleicht besser verstehst, was ich damit meine, gibt es jetzt einen Mini-Crashkurs in Sachen Kirchengeschichte:

In Apostelgeschichte 2 ist vom Pfingstfest die Rede und wie die Apostel mit dem Heiligen Geist erfüllt wurden. Petrus hielt dann eine spontane Stegreifpredigt und viele Menschen kamen zum Glauben an Jesus. Dieser Tag – so sagt man allgemein – ist der Geburtstag der Kirche. An dem Tag kam die Kirche zur Welt. Das war in Jerusalem. Alle, die an Jesus glaubten, trafen sich also regelmäßig in Jerusalem, um dort Gottesdienst zu feiern. Doch dann entstanden durch die Missionsreisen von Paulus und anderen bereits in den ersten Jahrzehnten danach in weiteren Städten und Regionen christliche Gemeinden. Von Palästina über die heutige Türkei bis nach Europa. Es folgten dann zwar mehrere Wellen der Christenverfolgung durch das ganze Römische Reich, aber die Kirche entwickelte sich im Untergrund munter weiter und verbreitete sich in der ganzen damals bekannten Welt. Dann wurde Kaiser Konstantin römischer Kaiser und das Christentum zur Staatsreligion im ganzen Weltreich; das war ungefähr im Jahr 313 nach Christus und man nennt dies die „konstantinische Wende". Danach konnte sich der Glaube an Jesus recht ungestört (nicht nur) in Europa weiter verbreiten. Einige hundert Jahre nach der Wende folgten die ersten „Trennungen". Zunächst im Anschluss an das Konzil von Chalcedon[34] im Jahr 451 und später dann das sogenannte morgenländische Schisma.[35] Hier teilte sich die Kirche in die katholische Westkirche und die orthodoxe Ostkirche. Offiziell geschah das im Jahr 1054 nach Christus, aber die Entwicklung zu dieser Teilung bahnte sich schon seit Jahrhunderten an. Etwa 500 Jahre später begann dann durch die Reformation die Aufteilung zwischen katholischer und protestantischer (evangelischer) Kirche. Allerdings gab es bereits vorher schon einige andere Reformbewegungen, wie etwa die Waldenser, die aber nicht so bekannt oder einflussreich wurden. Die Protestanten spalteten sich relativ schnell wieder in weitere verschiedene Strömungen auf, nämlich in die Anhänger der Lehre von Martin Luther und Anhänger der Lehre von Ulrich Zwingli, die Reformierten. Später wurde Johannes Calvin führender Kopf der reformierten Kirche, in Schottland entstand unter John Knox die Presbyterianische Kirche. Parallel dazu entstand die anglikanische Kirche in England, eine weitere Abspaltung von der katholischen Kirche.

Innerhalb der protestantischen Kirchen kam es im Verlauf der Jahrhunderte zu weiteren Trennungen und Abspaltungen. So entstanden die baptistischen Kirchen (mit dem Schwerpunkt der Erwachsenentaufe), die methodistische Kirche (mit einem Schwerpunkt der persönlichen „Heiligung"), die mennonitische Kirche (mit einem Schwerpunkt auf dem Verzicht von Gewalt bzw. Militärdienst) und die Pfingst- und charismatische Kirche (mit einem Schwerpunkt auf dem Wirken des Heiligen Geistes). Damit sind wir ungefähr in der Gegenwart angelangt. Es ist kaum zu fassen, was da alles innerhalb der Kirche am Wachsen ist. Wie beim Pando.

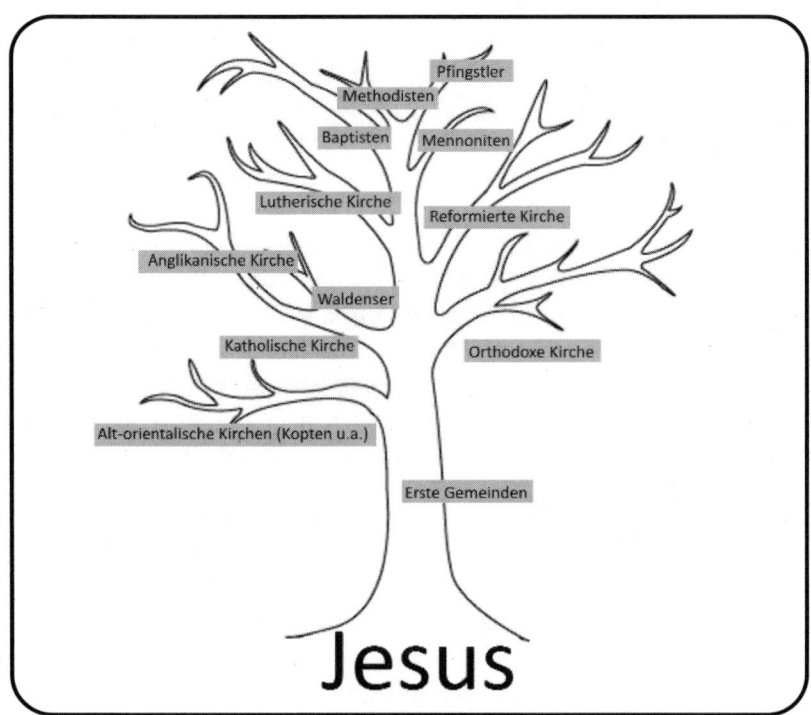

Ich habe manchmal den Eindruck, dass es innerhalb der weltweiten Kirche mittlerweile fast so viele verschiedene Strömungen und Richtungen gibt, wie Stämme in dem Wald in Utah. Manche davon mit einer langen Tradition und daher hohem „Alter". Aber immer noch entstehen fast jeden Tag irgendwo auf der Welt neue Gemeinden oder Gemeindeformen, die nicht immer so einfach einem der großen Ströme zuzuordnen und vielleicht dabei sind, ein komplett neuer Zweig am Stammbaum der Kirche zu werden.

Während ich diese Zeilen schreibe, verbringen meine Frau Rike und ich gerade einige Tage mit christlichen Leitern aus verschiedenen Teilen der Welt. Adel aus Ägypten, Marcel aus Brasilien, Michael aus Japan, Gaby aus Bulgarien, Larry aus den USA, Remo und Jacob aus Indien. Zur Gruppe gehören eigentlich noch Mark aus Ghana, Grace aus Südafrika und Lee aus China, die aber diesmal nicht dabei sein können. Jeder von uns hat einen ganz eigenen kirchlichen Hintergrund, mit einer eigenen entsprechenden Prägung. Teilweise eher lutherisch, teilweise eher charismatisch, teilweise eher anglikanisch. Aber was uns miteinander verbindet, ist die gemeinsame Wurzel, nämlich Jesus.[36] Das Ganze ist also wie beim Pando. Äußerlich kann die Form ganz unterschiedlich aussehen, aber Grundlage ist eine gemeinsame Wurzel, eine gemeinsame DNA.

Manchmal finde ich das verrückt, wenn ich mir vorstelle, dass es in weiten Teilen der Türkei Christen gab und bei uns in Deutschland die Leute noch Angst vor Thor und seinem „Donnerhammer" hatten. Oder dass es in Indien schon längst Christen gab, als die ersten westlichen Missionare dort hinkamen.[37] Man hatte keine Ahnung davon gehabt! Und heute schießen vor allem auf der Südhalbkugel neue Kirchen und Gemeinden wie Pilze aus dem Boden. Noch vor ein paar Jahrzehnten hatte der „durchschnittliche" Christ, wie in fast allen Jahrhunderten zuvor, eine weiße Haut und kam aus den westlichen Industrienationen. Inzwischen sieht das aber anders aus und der „durchschnittliche" Christ hat heute eher eine braune Haut und lebt in einem der Slums in Afrika oder Südamerika. China ist bald das Land mit den (zahlenmäßig) meisten Christen weltweit. Und immer mehr Christen aus anderen Ländern kommen nach Deutschland, um hier bei uns zu missionieren und Menschen von Jesus zu erzählen. Was mit Sicherheit gut ist, denn in meinem Glauben habe ich bisher viel von Christen aus anderen Konfessionen oder Ländern gelernt.

Im November 1993 flog ich als Teil eines UN-Kontingents als Blauhelm-Soldat in Richtung Somalia. Ich war dort in einem kleineren Kommando eingesetzt, das für den Transport von Waren und Soldaten zwischen Europa und Afrika zuständig war. Dadurch kam ich ziemlich viel in der Region rum. Unser Lager teilten wir uns zusammen mit Soldaten der Französischen Fremdenlegion. In meinem Kommando war ich der Einzige, der an Jesus glaubte. Und mit der Zeit machte es mir ganz schön zu schaffen, was ich dort an Kriegswirren und Armut erlebte. Bei einem Einsatz geschah dann etwas für uns alle Dramatisches: ein Soldat der Fremdenlegion kam bei einem Schusswechsel ums Leben. Am nächsten Tag nahmen wir Abschied von ihm und sein Sarg wurde durchs Lager getragen und dann zum Flughafen transportiert. Als Folge davon hatte ich immer häufiger Schwierigkeiten, mich zu konzentrieren, selbst beim Beten. Immer wieder hörte ich in meinem Kopf Schussgeräusche.

Nur einige Zeit nach dem Vorfall bekamen wir Besuch von einem katholischen Militärseelsorger, also einem Priester in Uniform. Ich erzählte ihm von dem Vorfall und wie es mir und anderen Kameraden seitdem ging. Nachdem wir einige Zeit darüber gesprochen hatten, schenkte er mir ein Buch mit Texten von Dietrich Bonhoeffer, einem Pfarrer, der sich im Dritten Reich mit der Frage von Krieg und Gewalt konfrontiert sah und schließlich von den Nazis inhaftiert und hingerichtet wurde. Der Priester sagte mir, dass ich in den Worten und Erfahrungen von Bonhoeffer vielleicht Trost und Rat finden würde. Dann bot er mir noch an, mit mir und auch für mich zu beten. Was wir dann auch getan haben. Und zum Schluss lehrte er mich ein Gebet, das vor allem in der orthodoxen Kirche eine lange Tradition hat: das Herz-Jesu-Gebet. Man betet einfach immer wieder die Worte: *„Herr Jesus Christus, erbarme dich meiner."*
Er sagte mir, ich solle dieses Gebet einfach vor mich hinmurmeln, also leise Mitsprechen, und dabei versuchen in einen Rhythmus mit der Atmung zu kommen. Also ungefähr so: *Herr Jesus Christus* (dabei einatmen), *erbarme dich meiner* (dabei ausatmen). Und das ständig wiederholen. Und dieses Gebet hat mir seitdem so oft geholfen. In manchen schlaflosen Nächten oder Situationen, die mich überfordert haben, in denen ich vielleicht zuviel Schuld auf mich geladen hatte und gar nicht mehr wusste, was ich Gott eigentlich sagen sollte – *Herr Jesus Christus, erbarme dich meiner.*

Einige Jahre später habe ich während meines Studiums ein Praktikum in einer Gemeinde absolviert. In der Gemeinde gab es einen Mann, der – so erzählte man mir hinter vorgehaltener Hand – in Zungen[38] beten würde. Und das war eindeutig negativ gemeint und auch ich sah diese Praxis bis dahin sehr kritisch. Oder wie andere Theologen es nannten: als Zeichen eines Geistes von unten, nicht oben. Der Mann war auch sonst etwas sonderbar, forderte mal den Bürgermeister bei einer öffentlichen Rede lauthals zur Buße und Umkehr auf oder demonstrierte in der Vorweihnachtszeit vor Supermärkten gegen den pseudo-christlichen Kommerz. In einer Gemeindeversammlung meldete er sich zu Wort und sagte: „Ich weiß, dass ich die Gemeinde durch mein Verhalten und meinen Eifer für Gott manchmal in ein schlechtes Bild rücke. Das tut mir wirklich leid. Aber ich bitte die Gemeinde zu prüfen, wie wir hier mit den Gaben des Geistes umgehen und ob wir dem Geist Gottes nicht mehr Raum geben sollten." Damit setzte er sich wieder und sofort stand einer der Ältesten der Gemeinde auf, die saßen vorn am Altar, und entgegnete dem Mann: „Wir haben bereits genug Gaben des Geistes, wir brauchen nicht noch mehr!"

Dieser Satz rüttelte mich geradezu wach und ich dachte mir, dass das doch nicht sein kann! Wenn Gott für seine Kinder etwas bereithält, dann kann man doch nicht sagen, dass wir das nicht brauchen. Nur weil man einer bestimmten theologischen oder kirchlichen Tradition oder Erkenntnis angehört, kann man doch die anderen nicht einfach so ausklammern. Also habe ich zu Gott gesagt, dass ich gern mehr lernen möchte. Ich habe ihm gesagt, dass es mir leid tut, wenn ich meine Erfahrung und Gewohnheit und Erkenntnis zum Maßstab gesetzt und dadurch die Erfahrungen und Erkenntnisse anderer als minderwertig angesehen habe. Und Gott hat mein Gebet erhört.

Ich habe von Freunden aus charismatischen Kirchen gelernt, mit der Kraft und dem Wirken des Heiligen Geistes zu rechnen und mich nach seinen Gaben zu „bemühen". Von einem Freund, der ganz stark in der lutherischen Tradition verwurzelt ist, habe ich gelernt, nicht so sehr auf mich und meine Schwachheit oder Schuld zu schauen, sondern auf das, was Jesus für mich getan hat. Er nannte das immer die „objektiven Heilstatsachen". Dann ist es egal, ob ich Gott gerade spüre oder wie ich mich ihm gegenüber fühle oder sehe: Jesus hat mich angenommen und am Kreuz Gottes Liebe gezeigt und mir meine Schuld vergeben. Durch eher liberale Christen bin ich auf unsere Verantwortung gegenüber den Armen der Welt und der Schöpfung hingewiesen worden. Durch mennonitische Christen[39] aus Paraguay habe ich neu über das Verhältnis von uns Christen zum Staat und insbesondere zum Militär nachgedacht. Und Freunde aus einer Pfingstgemeinde haben mich darauf hingewiesen, dass wir Christen uns nicht immer als Sünder bezeichnen sollten, sondern uns lieber als „Heilige" verstehen sollten – so wie Paulus in seinen Briefen die Christen immer als Heilige[40] bezeichnet hat, weil wir genau das in Gottes Augen bereits sind.

Der Apostel Paulus schrieb den Christen in der griechischen Stadt Thessaloniki in einer ähnlichen Sache. Auch dort war man wohl skeptisch gegenüber anderen Glaubensformen oder Gaben Gottes, die ihnen sonderbar vorkamen. Deshalb ermahnte Paulus sie, diese Dinge nicht einfach zu verbieten oder zu ignorieren: „Legt dem Wirken des Heiligen Geistes nichts in den Weg! Geht nicht geringschätzig über prophetische Aussagen hinweg, sondern prüft alles. Was gut ist, das nehmt an. Aber was böse ist, darauf lasst euch nicht ein, egal in welcher Gestalt es an euch herantritt."[41]

Wir sollen uns also durchaus auch anderen Traditionen und Erkenntnissen öffnen, sie kritisch prüfen und dann das, was gut ist und den Glauben fördert, die Beziehung zu Gott und das Wachstum seines Reiches, übernehmen. Denn Gott und sein Reich sind viel älter, größer und weiter als wir selbst. Deshalb ist es wichtig, sich mit Christen aus anderen Ländern, Gemeinden und Konfessionen zu treffen, sich gegenseitig zu besuchen und auszutauschen. Mal Bücher oder Predigten von Leuten lesen oder hören, die nicht aus dem eigenen „Stall" kommen. Oder mal hineinschauen in die Kirchengeschichte und lernen, wie Christen zu anderen Zeiten ihren Glauben gelebt haben.

Learning by heart!

Bibelverse zum Auswendiglernen

Zu meiner Herde gehören
auch Schafe, die jetzt noch in
anderen Ställen sind. Auch sie
muss ich herführen, und sie
werden wie die übrigen
meiner Stimme folgen. Dann
wird es nur noch eine Herde
und einen Hirten geben.
Johannes 10,16

Ich bitte aber nicht nur für sie,
sondern für alle, die durch ihre
Worte von mir hören werden und an
mich glauben. Sie alle sollen eins
sein, genauso wie du, Vater, mit mir
eins bist. So wie du in mir bist und
ich in dir bin, sollen auch sie in uns
fest miteinander verbunden sein.
Dann wird die Welt glauben,
dass du mich gesandt hast.
Johannes 17,20.21

Gott hat uns in seine Gemeinde
berufen. Darum sind wir ein Leib.
In uns wirkt ein Geist, und uns
erfüllt ein und dieselbe Hoffnung.
Wir haben einen Herrn, einen
Glauben und eine Taufe. Und wir
haben einen Gott. Er ist der Vater,
der über uns allen steht, der durch
uns alle und in uns allen wirkt.
Epheser 4,4-6

Was hast <u>du</u> dazu zu sagen?

Fragen zur eigenen Reflexion und zum Weiterdenken.

Was weißt du über die Geschichte deiner eigenen Gemeinde?
Wann ist sie entstanden und zu welchem Verband gehört ihr?
Gibt es so etwas wie ein eigenes „Bekenntnis"?[42]

Kennst du Christen aus anderen Gemeinden / Verbänden / Traditionen?
Was ist bei ihnen anders als bei euch? Was könntest du von ihnen lernen oder
was hast du bereits von ihnen gelernt? Was könnten sie von dir/euch lernen?

In Johannes 17,20.21 bittet Jesus Gott um folgendes:
„Ich bete aber nicht nur für sie (damit meinte Jesus
seine Jünger), sondern auch für die Menschen, die auf
ihr Wort hin an mich glauben werden. Ich bete darum,
dass sie alle eins sind – sie in uns, so wie du, Vater, in
mir bist und ich in dir bin. Dann wird die Welt glauben,
dass du mich gesandt hast."
Was hat dieses Gebet mit dem Kapitel zu tun und
was bedeutet dieses Gebet für dich?

Outro
Ausgewogene Ernährung

Ich bin mir nicht sicher, ob ich dir danken oder gratulieren soll, dass du das ganze Buch durchgelesen hast. Oder einen großen Teil davon. Oder vielleicht auch nur ein wenig. Aber bevor du das Buch jetzt zumachst und weglegst, würde ich gern ein paar letzte Gedanken und Anliegen mit dir teilen:

Erstens

Ich habe in diesem Buch einige Geschichten aus meinem Leben erzählt. Ich kann dir aber leider nicht versprechen, dass sie alle 100% genau so passiert sind, wie ich sie aufgeschrieben habe. Manche sind ja durchaus schon einige Zeit her. Aber ich habe versucht, mich so gut wie möglich an alles zu erinnern. An manchen Stellen habe ich jedoch den Leuten, die darin vorkommen, andere Namen gegeben. Das schien mir irgendwie „richtiger" zu sein.

Zweitens

Falls du jemand bist, der (gern) seine Meinung weitergibt, würde ich sehr gern von dir bzw. von euch hören bzw. lesen, wie es war, das Buch durchzuarbeiten. Das geht per E-Mail oder über Facebook. Dort gibt es eine Seite unter dem Stichwort „Soulfood – das Buch". Oder du schreibst mir einen ganz old-school-mäßigen Brief oder eine Postkarte. So wie früher, mit einem echten Stift und Briefmarke und so. Ich liebe es auf jeden Fall, Post zu bekommen.

Du kannst darüber schreiben, was du durch das Buch (oder deine „Lesegruppe") neu gelernt oder verstanden hast, was dich ermutigt oder entmutigt hat. Du kannst darüber schreiben, wie du zu einer Entscheidung für Jesus gekommen bist oder was dich davon abhält. Du kannst darüber schreiben, welche Menschen dir geholfen haben im Glauben vorwärtszukommen – und wie sie das getan haben. Du kannst darüber schreiben, wie du mit Gott redest und wie er zu dir redet, was deine Lieblingsorte zur Kommunikation mit Gott sind. Du kannst darüber schreiben, in was für eine Gemeinde du gehst und was du an deiner Gemeinde liebst. Oder du kannst darüber schreiben, wo und wie du dich für Gott und Menschen engagierst, wie du mit deinen Freunden Glauben lebst und teilst oder was du sonst schon so alles mit Jesus erlebt hast, erleben möchtest, verstehst oder nicht verstehst. Mich interessiert das.

Die Soulfood-E-Mail-Adresse:
soulfood@bornverlag.de

Die Soulfood-Postadresse:
Soulfood, c/o Deutscher EC-Verband, Leuschnerstr. 74, 34134 Kassel

Drittens

Wenn dir dieses Buch etwas bedeutet hat, dir irgendwie geholfen und dich weitergebracht hat, Gott dich durch das Lesen und Diskutieren ermutigt oder herausgefordert hat, dann denk doch mal darüber nach, ob du dieses Buch nicht noch mit jemand aus deinem Freundeskreis teilen möchtest. Verschenk es an diese Person(en) oder kauf ihr ein Exemplar und lies es selbst noch mal mit diesen Personen zusammen. Vielleicht kannst du dadurch zum Segen für diese Person(en) werden.

Viertens und letztens

Auch wenn ich es hier und da im Buch schon mal angedeutet habe, soll es ganz bewusst am Ende noch einmal stehen: Ich ernähre mich und meine Seele nicht so gesund, wie ich sollte. Es gibt Phasen (die manchmal ziemlich lang sein können), in denen ich mich sehr einseitig ernähre. Und manchmal vernachlässige ich meine Ernährung auch ganz. Das ist nicht gut, passiert aber trotzdem. Auch wenn ich es nicht will und eigentlich besser weiß. Die gute Nachricht ist aber, dass Gott deswegen noch nie aufgehört hat, mich zu lieben, oder dass es ihn dazu gebracht hätte, mich weniger zu lieben.

Es gibt eine Pflanze, die allgemein unter dem Namen „Rose von Jericho" bekannt ist. Diese Pflanze kommt vor allem in den Wüstengebieten Israels und angrenzender Länder vor. Wenn diese Wüstenrose in der Trockenheit kein Wasser und damit keine Nahrung mehr aufnehmen kann, vertrocknet sie. Legt man sie dann allerdings ins Wasser, wird sie wie zu neuem Leben erweckt und fängt an, sich wieder zu entfalten. Diese „Wiederbelebungen"[43] können beliebig oft, auch nach vielen Jahren der Trockenheit wiederholt werden. Meine Hoffnung (und meine Erfahrung) ist, dass dies mit unserem Glauben auch geschehen kann. Selbst wenn wir ihn über Wochen, Monate und Jahre vernachlässigen sollten, wird Gott ihn wiederbeleben, sobald wir uns ihm neu öffnen. Das ist aber weder Grund und erst recht keine Aufforderung zur geistlichen Nahrungsverweigerung! Im Gegenteil. Aber es soll dir Hoffnung in dürren Zeiten geben und Vertrauen in Gott schenken, der eines definitiv nicht will: den Tod unserer Seele, den Tod unseres Glaubens, unserer Beziehung zu ihm. Lieber stirbt er selbst, als dass wir „sterben" müssen.

**GLÜCKLICH IST, WER FREUDE HAT AN DEN WORTEN DES HERRN
UND DARÜBER NACHDENKT.
DER IST WIE EIN BAUM, DER NAHE AM WASSER GEPFLANZT IST.
ER BRINGT FRUCHT. JAHR FÜR JAHR
UND SEINE BLÄTTER VERWELKEN NICHT.
WAS ER SICH VORNIMMT, DAS WIRD GELINGEN.
(NACH PSALM 1)**

In diesem Sinne: Mahlzeit!

Fußnoten

1 vgl. Epheserbrief 2,20
2 vgl. 1. Mose 2,7
3 Hebräisch ist die Sprache, in der das Alte Testament – also der erste Teil der Bibel – aufgeschrieben wurde.
4 vgl. 1. Mose 2,17
5 vgl. Johannes 11,17ff.
6 Es gibt auch eine griechische Version des Alten Testaments, die sogenannte Septuaginta. Die Begriffe, die ich im Folgenden erkläre, kommen so auch in der Septuaginta vor.
7 Mein Filmtipp dazu: Supersize me!
8 Dabei ist nichts, was es nicht auch schon in anderen Büchern gibt. „Es gibt nichts Neues unter der Sonne!", sagte Salomo einmal. Recht hat er. Trotzdem wollte ich es einmal auf meine Weise sagen bzw. schreiben. :-)
9 Ich fand es immer schon sehr komisch, wenn Leute mir Gott anhand der Bibel „beweisen" wollten. Ich glaube ja auch nicht an die reale Existenz von Harry Potter, obwohl es mehrere Bücher über sein Leben gibt. Und wenn jemand von seinen persönlichen Erfahrungen oder Begegnungen mit Gott erzählte, fiel es mir genauso schwer, diese Berichte ernst zu nehmen, denn es könnten ja auch Halluzinationen, geistige Verwirrung, Zufälle oder dreiste Lügen hinter den Gotteserfahrungen stecken. Wer weiß das schon. Vielleicht bin ja auch ich inzwischen geistig verwirrt ...
10 Innerhalb der Theologie gibt es manche Diskussionen darüber, ob sich ein Mensch überhaupt aktiv für Gott entscheiden kann. Jesus hat einmal gesagt, dass keiner zu ihm „kommen" kann, wenn er nicht von Gott, dem Vater, geführt oder gezogen wird. Da ist also einiges dran. Grundsätzlich gilt dabei aber: 1. Entspannen: sich darüber nicht verrückt machen (oder machen lassen); 2. Wissen: Gott hat sich für mich entschieden; 3. Handeln: Gott möchte eine Reaktion von uns, darum kann ich fröhlich „Ja" zu ihm sagen.
11 vgl. Josua 24,14ff.
12 Halbbruder natürlich – gleiche Mutter, aber halt anderer Vater.
13 Im EC (dem Jugendverband, für den ich arbeite) gibt es die Tradition der „Weihestunde". Ein regelmäßiges Treffen aller EC-Mitglieder vor Ort, um sich Gott neu zu „weihen". Eigentlich eine sehr coole Sache und mir gefällt der Gedanke, der dahintersteckt, sich gerade auch als Gemeinschaft Gott zu „weihen". Leider ist die Weihestunde in weiten Teilen in Vergessenheit geraten, wird für überflüssig angesehen oder einfach so gestaltet, dass sie „unattraktiv" ist. Wenn jemand eine Idee hat, wie man die Weihestunde wieder zu neuem Leben erwecken kann, oder bereits selbst gute Erfahrungen gemacht hat, der kann sich gern mal bei mir melden (Kontakt siehe Seite 71/72).
14 vgl. 1. Korinther 3,2 – oder auch Hebräer 5,13.14
15 vgl. dazu Apostelgeschichte 16,1-3
16 Falls du dich auf die Suche nach einem geistlichen Vater / einer geistlichen Mutter machen willst, aber bei dir vor Ort niemanden findest, kannst du auf www.c-mentoring.net mal Ausschau halten. Dort findest du eine Menge Leute, die sich gern als „Mentoren" zur Verfügung stellen.
17 vgl. 2. Könige 2,23ff. – eine sensationell skurrile Geschichte
18 Ich habe mich sehr schwergetan, hier das Wort „Intimität" zu verwenden, weil das bei vielen direkt mit Sexualität verbunden ist. Intimität meint aber eigentlich eine enge Vertrautheit.
19 siehe 1. Mose 3,9
20 Ich hatte mal so einen Traum, von dem ich „wusste", dass es ein Bild Gottes für mich war. Dieser Traum hatte mit meiner Zukunft zu tun und ist bis heute ein einschneidendes Erlebnis. Ein Pastor sagte mir einmal, was ein Zeichen für die „Echtheit" solcher Eindrücke sein kann: „They stick to you, even after years!" – d. h. sie bleiben auch nach Jahren noch lebendig, lassen einen nicht los.

21 Auf der Seite www.jesus.ch habe ich einen recht hilfreichen Artikel über das Reden Gottes entdeckt. Vielleicht ist er auch was für dich: http://www.jesus.ch/index.php/D/article/516-Gott/36362-Die_ Stimme_Gottes/

22 Mit „Texten" sind im Folgenden immer Schriften des Neuen Testaments gemeint: Evangelien, die Apostelgeschichte, Briefe oder die Offenbarung.

23 Damit ist gemeint, dass ich 10 % meines Einkommens (Gehalt, Taschengeld, BAföG ...) ins Reich Gottes spende. Entweder in die Gemeinde oder in ein Werk oder an einen Missionar ... Diese Praxis stammt aus dem Alten Testament (1. Mose 14,20; 3. Mose 27,30ff.), zu der wir nicht verpflichtet sind, aber die Gott besonders segnen will (Maleachi 3,10).

24 Zum Beispiel die Lichtstrahlen (www.bornverlag.de), Pur, Start in den Tag oder wie sie alle heißen.

25 Irgendwann habe ich damit angefangen, die Sachen in ein Notizbuch zu schreiben. Das hilft mir unheimlich bei der Konzentration. Und ich kann es später noch einmal nachschlagen. Vom Umfang her sind das pro lectio divina etwa ein bis zwei Seiten.

26 Ich habe schon überlegt, ob ich hier mal welche aufschreiben soll. Aber das mache ich nicht. Nachher bekomme ich noch Ärger mit dem Verlag oder deinen Eltern. Wenn du unbedingt wissen willst, was „4-letter-words" sind, musst du selbst googeln. Aber das ist klar: Von mir hast du das nicht. ;-)

27 Diesen Gedanken habe ich einmal in einer Predigt von Erwin McManus gehört. Er sagte: „The church is God's engagement in human history to bring us back to each other."

28 siehe Johannes 13,35

29 Afroamerikaner: das ist die korrekte Bezeichnung für Schwarze, also für Amerikaner mit afrikanischen Wurzeln.

30 siehe Josua 6,1ff.

31 siehe Lukas 4,8 oder 5. Mose 6,12.13

32 siehe Jakobus 2,17

33 Falls nicht: es gibt inzwischen eine Menge guter „Gabentests" wie Explore! Entdecke deine Berufung (www.bornverlag.de) oder das D.I.E.N.S.T.-Seminar. Sprich mal deinen Jugendleiter oder Pastor darauf an oder mach einen entsprechenden Kurs. Im EC Seelsorgezentrum gibt es auch regelmäßig eine „Zukunftswerkstatt", Infos unter www.ec-seelsorgezentrum.de.

34 Konzile sind Versammlungen kirchlicher Vertreter, wo meistens darüber diskutiert wurde und wird, was wir Christen glauben und wie wir leben sollen und können. In Chalcedon ging es vor allem um die Frage, ob Jesus eher Mensch oder eher Gott ist. Ein Ergebnis des Konzils war die Formulierung, dass Jesus „wahrer Mensch und wahrer Gott" zu gleichen Zeit ist.

35 Schisma stammt aus dem Griechischen und heißt so viel wie Trennung, Teilung.

36 Ich muss allerdings doch noch erwähnen, dass nicht alle Strömungen oder Kirchen, die sich auf Jesus berufen oder sich als christlich bezeichnen, auch wirklich in Jesus „verwurzelt" sind. Eine gute Beschreibung, wie man christliche Strömungen oder Gruppierungen von Sekten unterscheiden kann, habe ich auf der Seite der Evangelischen Kirche von Berlin-Brandenburg gefunden: www.ekbo.sekteninformation.de/10.html

37 Eine starke Strömung der Christen in Indien sind die sogenannten „Thomaschristen", die sich auf die Missionsarbeit des Apostels Thomas berufen. Genau der Thomas, der so starke Zweifel an der Auferstehung von Jesus hatte (vgl. Joh 20,24ff.). Das heißt, dass es bereits im ersten Jahrhundert Christen in Indien gab.

38 Unter Zungen- oder Sprachengebet bezeichnet man eine besondere Gabe des Heiligen Geistes. Diese Gabe taucht an mehreren Stellen in der Apostelgeschichte und den Briefen auf: Apostelgeschichte 2; 16 oder 1. Korinther 14. Jesus selbst kündigte das Auftreten dieser Gabe an: Markus 16,17.

39 Die Glaubensrichtung der Mennoniten entstand im 16. Jahrhundert und geht – zumindest vom Namen her – auf Menno Siemens aus Ostfriesland zurück. Mennoniten forderten eine deutliche Trennung von Staat und Kirche, was für die damalige Welt unerhört war, und verweigerten den Eid auf den König bzw. den Dienst an der Waffe. Weil sie hier in Europa oft verfolgt wurden, wanderten viele Mennoniten nach Nord- und Südamerika aus.

40 siehe u.a. Epheser 1,1; Philipper 1,1

41 siehe 1. Thessalonicher 5,19-22

42 Wenn du davon keine Ahnung hast, dann mach mal einen Termin mit deinem Pastor aus und stell ihm diese Fragen.

43 Okay, ehrlich gesagt ist das Ganze keine Wiederbelebung, sondern ein rein physikalischer Vorgang. Die Pflanze stirbt an sich automatisch nach einem Jahr ab. Ich finde diese Rosen und das Bild dahinter aber trotzdem sehr genial. Für die Hobbybotaniker unter uns: es gibt noch sogenannte wechselfeuchte Pflanzen, die wirklich ohne Wasser und Nahrung auskommen können, dann den Stoffwechsel einstellen, aber nicht absterben. Wenn sie wieder Wasser bekommen, fangen sie auch wieder an „zu leben".

Beziehung zu Gott pflegen

Lichtstrahlen 2011

Deine Bibellesehilfe, wenn du deine Beziehung zu Gott und dein Wissen über die Bibel vertiefen möchtest - plus Jahresthema, Einführungen in die biblischen Bücher, Gebetsimpulse.

12,5 x 19 cm; 256 S.; Paperback mit Lesezeichen | Bestellnr. 182099
Euro (D) 4,50/sfr 8,90/Euro (A) 4,60

Helge Keil, Ramona Tauschek

Stille vor Gott. Lebendige Stille - Gott kreativ begegnen

Dieses erfrischend kreative Buch nimmt dich an die Hand und führt dich in eine immer tiefere Gottesbeziehung hinein. Um das zu erleben, kannst du aus dem Vollen schöpfen und aus den vielen Bausteinen die wagen, die zu dir passen.

14,8 x 21 cm; 88 S.; Paperback | Bestellnr. 182486
Euro (D) 6,90/sfr 12,60/Euro (A) 7,10

Thorsten Riewesell

geistvoll. Wenn Gottes Liebe Früchte trägt

Dieses Buch betrachtet die neun Eigenschaften, die Paulus als Frucht des Heiligen Geistes bezeichnet. Erforsche, was gemeint ist und wie diese Eigenschaften von Gott her in deinem Leben Raum gewinnen können und wollen!

14,8 x 21 cm; 88 S.; Paperback | Bestellnr. 182466
Euro (D) 6,90/sfr 12,60/Euro (A) 7,10

Reinhard Steeger

Da lebt der Glaube. Glaube im Alltag leben

10 Themen wie Gebet, Bibellesen, Gemeinschaft, Mitarbeit und Zeit geben dir Hilfen und Ideen, wie dein Christsein im Alltag von Schule, Arbeit und Freunden aussehen kann.

17 x 24 cm; 80 S.; Paperback | Bestellnr. 182441
Euro (D) 6,90/sfr 12,60/Euro (A) 7,10

BORN-VERLAG

Informationen und Leseproben unter www.bornverlag.de

Leben und Glauben lernen

Klaus Göttler, Thorsten Riewesell u.a.

Explore! Entdecke deine Berufung

Explore! möchte dir bei der Orientierung helfen und erläutert dazu im ersten Schritt, welche Fähigkeiten, Gaben, Persönlichkeit und Werte in dir stecken, wie sie zu erkennen sind und wie sie sich untereinander ergänzen.

Der zweite Teil konzentriert sich auf die sieben Gaben. Neben den Merkmalen werden auch die Chancen und Risiken, Stärken und Schwächen erarbeitet und Explore! gibt Hinweise zum Einsatz der Gaben. Entdecke deine Berufung!

17 x 24 cm; 160 und 228 S.; Paperback
Band 1: Bestellnr. 182360 | Band 2: Bestellnr. 182361
je Euro (D) 12,90/sfr 23,40/Euro (A) 13,30

Thorsten Riewesell

Mentoring. Geistlich wachsen und vorankommen

Erfahre mehr über das Thema „Mentoring" - was ist das und wie funktioniert es? Was habe ich von einem Mentor und wie finde ich jemanden, der zu mir passt?

14,8 x 21 cm; 80 S.; Paperback | Bestellnr. 182354
Euro (D) 6,90/sfr 12,60/Euro (A) 7,10

Glaube bewegt. 10 bewegende Filme

Glaube bewegt. Diese Filme tun es auch – dich, deinen Jugendkreis, deine Freunde. Ganz unterschiedliche Themen und Filmtypen bieten abwechslungsreiche Ansichten in den Glauben.

Video-DVD | Bestellnr. 183458
Euro (D) 10,00/sfr 20,95/Euro (A) 11,70

BORN-VERLAG

Informationen und Leseproben unter www.bornverlag.de